한국어 교육자를 위한
한국 어문 규범

한국어 교육자를 위한
한국 어문 규범

초 판 발행 2017년 11월 8일
개정판 발행 2020년 11월 6일

지은이 조형일
펴낸이 박찬익
펴낸곳 ㈜ **박이정** ┃ **주소** 경기도 하남시 조정대로45 미사센텀비즈 7층 F749호
전화 031) 792-1193 ┃ **팩스** 02) 928-4683 ┃ **홈페이지** www.pjbook.com
이메일 pijbook@naver.com ┃ **등록** 2014년 8월 22일 제2020-000029호

ISBN 979-11-5848-507-8 93710

* 책값은 뒤표지에 있습니다.

개정판

한국어 교육자를 위한

한국 어문 규범

조 형 일

(주)박이정

| 디딤 |

규범(規範)이란
"마땅히 따르고 지켜야 할 가치 판단의 기준"이자
"지켜야 할 법칙과 원리"이다.
그러니 언어 규범은 "마땅히 따르고 지켜야 할 언어의 본보기"라고 할 수 있을
것이다.
그렇다면 과연 '마땅히' 따라야 할 것과
'마땅히' 지켜야 할 것은 누가 어떻게 정한 것인가?
게다가 '본보기[1]'는 과연 어떻게 정하는 것일까?
한걸음만 내디뎌도 무분별한 외래어 남용, 잘못된 외국어 표현들이
흔하게 눈에 밟히는 현대 한국의 도시에서
문법적, 어법적으로 '틀린' 글을 읽고 괴상한 발음을 듣는 것은
이제 별로 특별하지 않은 일상다반사가 되어버렸다.

이제 한국어의 규범에 대해서 조목조목 짚어 가면서
규범의 양상은 어떠한지 원칙은 과연 수긍할 만한지 문제점은 무엇인지
등등에 대해서 고민해 보기로 하자.

더하여,
외국어로서 한국어를 가르쳐야 하는 교육 현장 입장에서
할 말, 하고픈 말을 함께 나눠 보자.

---

1) 본을 받을 만한 대상, 어떤 사실을 설명하거나 증명하기 위하여 내세워 보이는 대표적인 것

| 차례 |

| 읽어가는 방식 |

• 도입 학습을 통한 생각 정리와 규정의 대강 익히기

→ 자신의 지식과 생각을 미리 정리해 보고 규정의 대강을 훑어본다.

• 핵심 개념에 대한 이해와 전개 학습 그리고 풀이

→ 중점이 되는 사항을 이해하고 질문에 답하는 형식으로 생각을 다듬는다.

→ 도식화된 풀이법을 통해서 지식을 갈무리하는 연습을 할 수 있다.

• 핵심 이해와 문제로 익히기

→ 규정의 핵심이 되는 부분을 상세하게 살펴보고 문제를 통해서 익히도록 한다.

• 생각쪽지

→ 한국어교육에서 이 규정의 중요성과 쟁점을 살펴본다.

→ 규정과 관련된 연구를 찾아보는 활동을 통해서 자신의 관점을 분명하게 세울 수 있다.

| 이 책을 활용한 강의 계획 일례 |

주차	강의 내용	비고
1주차	강의 소개와 규정/규범에 대한 이해 과제 안내와 개요 학습	강의 소개와 규정/규범에 대한 이해
2주차	[1] 띄어쓰기: 조사, 의존명사	규정과 실제에 대한 이해
3주차	[2] 맞춤법, 어미와 접사 구별하기	규정과 실제에 대한 이해
4주차	[3] 모음의 발음, 받침의 발음, 음의 변화	규정과 실제에 대한 이해
5주차	[4] 발음 변화, 어휘 선택 변화	규정과 실제에 대한 이해
6주차	[5] 외래어 표기의 원리, 양상	규정과 실제에 대한 이해
7주차	[6] 로마자 표기의 유의점과 양상	규정과 실제에 대한 이해
8주차	중간 평가	지필 시험
9주차	[7] 맞춤법의 소리, 형태	규정과 실제에 대한 이해
10주차	[8] 문장 부호, 더할수록 완벽해지는 규정들	규정과 실제에 대한 이해
11주차	한글맞춤법의 연구 양상과 쟁점	연구 논문/주제 발제와 토의
12주차	표준어 규정의 연구 양상과 쟁점	연구 논문/주제 발제와 토의
13주차	외래어 표기법/로마자 표기법의 연구 양상과 쟁점	연구 논문/주제 발제와 토의
14주차	기말보고서 작성과 피드백, 교육 총평	
15주차	기말평가	

- 10주차까지는 이 책의 차례대로 내용을 착실히 공부해 나가면서 매 장마다 주어진 생각쪽지를 수행해 나간다.
- 매주 수행한 생각쪽지는 강의 게시판을 활용하여 모두 참조하도록 하고 교수자는 이를 평가에 반영할 수 있다.
- 학생들은 생각쪽지를 수행하고 이를 매주 모둠 토의로 발전시켜 확인 학습의 단계로 삼게 된다. 이를 비계로 삼아 11주차 이후 연구 논문의 발제 또는 자신이 만든 주제로 연구 발표할 수 있게 된다.
- 14주에는 기말보고서를 작성할 시간을 주거나 게시판을 통한 피드백을 수행한다.

| 한국어 어문 규정 확인해 보기 |

인터넷에 접속하여 한국어 어문 규정을 확인해 보자.

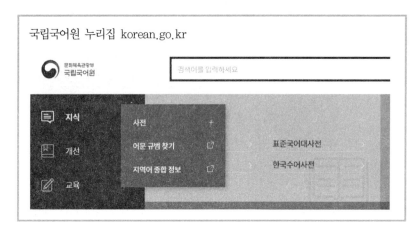

국립국어원에서는 어문 규정에 대해 다음처럼 안내하고 있다.

---

1. '한국어 어문 규범'이 무엇인가요?
   ○ 한국어를 올바르게 사용하려면 알아야 할 규범이 있습니다. 이것을 통틀어서 '한국어 어문 규범'이라고 하는데, '한글 맞춤법', '표준어 규정', '외래어 표기법', '국어의 로마자 표기법'이 있습니다. 그리고 이러한 어문 규범은 문화체육관광부에서 고시하고 있습니다.
   ○ 이곳은 이러한 규범을 한눈에 살펴보고 활용할 수 있도록 관련된 자료들을 모아 놓은 곳입니다. 고시된 규범뿐만 아니라 규범과 관련된 다양한 용례들도 쉽게 찾아볼 수 있습니다. 또한 검색한 정보를 내려받거나 인쇄할 수도 있어서 편하게 활용할 수 있습니다.

2. '항별 연혁'은 무엇인가요?
   ○ 어문 규범은 처음 제정된 후 몇 차례 개정이 되었습니다. 이렇게 개정된 사항을 조항별로 볼 수 있는 곳입니다.

3. '용례 검색'은 어떨 때 사용하면 되나요?

○ 외국 인명이나 지명을 한글로 어떻게 표기하는지 알고 싶거나 우리 지명을 로마자로 표기하는 방법을 알고 싶을 때, 해당 인명이나 지명을 검색창에 넣고 검색하면 원하는 표기를 바로 알 수 있습니다.

4. '비교하기'는 무엇인가요?
○ 어문 규범이 개정된 경우 개정 전과 개정 후의 내용을 비교하여 볼 수 있도록 만들어 놓았습니다.

5. 이곳에 있는 내용이나 자료실에 오른 자료들은 개인적으로 활용해도 되나요?
○ 이곳에 있는 모든 자료는 공개된 자료이므로 자유롭게 활용할 수 있습니다.

6. 내가 검색한 결과를 파일로 내려받거나 인쇄할 수 있나요?
○ 내려받기 와 인쇄하기 단추를 이용하여 필요한 정보를 파일로 내려받거나 인쇄할 수 있습니다. 특히 인쇄는 원하는 조항만 선택하여 실행할 수도 있습니다.

어문 규정의 주요 내용을 살펴보면 다음과 같다.

어문 규정은 국민의 어문 생활에 도움을 주고자 마련한 것입니다.

어문 규정의 주요 내용은 다음과 같습니다.

가. 「한글 맞춤법」 문체부 고시 제88-1호(1988. 1. 19.)
   「한글 맞춤법」 일부 개정안 문체부 고시 제2014-39호(2014. 12. 5.)

나. 「표준어 규정」 문체부 고시 제88-2호(1988. 1. 19.)
   「표준어 규정」 일부 개정안 문체부 고시 제2017-13호(2017. 3. 28.)

다. 「외래어 표기법」 문체부 고시 제85-11호(1986. 1. 7.)
   「외래어 표기 용례집(동구권 지명·인명)」 중 표기 일람표와 표기 세칙 문체부 고시 제1992-3 1호(1992. 11. 27.)
   「외래어 표기 용례집(북구권 지명·인명)」 중 표기 일람표와 표기 세칙 문체부 고시 제1995-8호(1995. 3. 16.)

「동남아시아 3개 언어 외래어 표기 용례집」 문체부 고시 제2004-11
호(2004. 12. 20.)

「외래어 표기 용례집(포르투갈 어, 네덜란드 어, 러시아 어)」 문체부
고시 제2005-32호(2005. 12. 28.)

「외래어 표기법」 일부 개정안 문체부 고시 제2014-43호(2014. 12. 5.)

「외래어 표기법」 일부 개정안 문체부 고시 제2017-14호(2017. 3. 28.)

라. 「국어의 로마자 표기법」 문체부 고시 제2000-8호(2000. 7. 7.)

「국어의 로마자 표기법」 일부 개정안 문체부 고시 제2014-42호
(2014. 12. 5.)

각각의 규정들이 전체적으로 체재를 갖추도록 하기 위하여 고시본에서 보인 설명
방식과 용어 등을 다음과 같이 통일하였습니다.

가. 띄어쓰기는 현행 규정에 따랐습니다. 띄어쓰기에 원칙 규정과 허용 규
정이 있을 경우, 될 수 있으면 원칙 쪽을 따르되, 편(編)·부(部)·장
(章)·절(節)·항(項)이 아라비아 숫자와 결합하여 쓰이는 경우 등에는
편의상 허용 쪽을 따랐습니다.

예: 제1편, 제2부, 제5장, 제3절, 제6항 (원칙: 제1 편, 제2 부, 제5
장, 제3 절, 제6 항)

나. 문장 부호의 이름과 용법도 현행 규정에 따랐습니다.

예: 짧은 줄표(-) → 붙임표

다. 규정문에 따른 용례임을 나타내는 '보기' 표시를 삭제하였습니다.

예: 보기 make[meik] 메이크 → make[meik] 메이크

각 규정문에서 사용된 용어가 각기 달리 나타나더라도 이들을 학교 문법 용어에
따라 통일하지 아니하였습니다. 고시본 자체의 모습을 생생하게 그대로 보이기
위함입니다.

예: 긴소리 –「표준 발음법」제6항, 제7항 // 장음 –「외래어 표기법」제7항

예: 끝소리 –「한글 맞춤법」제21항, 제28항, 제29항, 제40항 // 말음 –
「표준 발음법」제11항

고시본의 표기가 국립국어원에서 편찬한 『표준국어대사전』과 차이를 보이는 것에는 각주를 달아 설명하였습니다. 그 밖에 설명이 필요한 부분도 각주에서 다루었습니다.

예: 소리나다 (각주) '소리나다'는 『표준국어대사전』에 따르면 '소리 나다'
와 같이 띄어 써야 한다.(「한글 맞춤법」제6항)

여기에서 사용된 부호는 다음과 같습니다.

←   원말 앞에 씀.
~   어떤 말의 앞이나 뒤에 들어갈 말 대신 씀.
–   복합어의 결합 단위 사이에 씀. 접사나 어미임을 나타낼 때도 씀.
/   앞의 말과 뒤의 말이 복수 표준어임을 나타낼 때 씀.

다음 자료는 위의 규정들을 좀 더 쉽게 이해하는 데에 도움이 될 것입니다.

국립국어원(2004) 동남아시아 3개 언어 외래어 표기 용례집

국립국어원(2005) 외래어 표기 용례집(포르투갈 어, 네덜란드 어, 러시아 어)

국립국어연구원(1993) 외래어 표기 용례집(동구권 지명 · 인명)

국립국어연구원(1995) 외래어 표기 용례집(북구권 지명 · 인명)

국립국어연구원(2000) 로마자 표기 용례 사전

국어연구소(1986) 외래어 표기 용례집(인명 · 지명)

국어연구소(1987) 외래어 표기 용례집(교과용 도서 수정용)

국어연구소(1988) 외래어 표기 용례집(일반 용어)

국어연구소(1988) 한글 맞춤법 해설

국어연구소(1988) 표준어 규정 해설

문체부(1987) 편수 자료 Ⅱ-1: 외래어 표기 용례(일반 외래어), 대한교과서주식회사

문체부(1988) 편수 자료 Ⅱ-4: 한글 맞춤법·표준어 규정· 로마자 표기법(표기 용례), 대한교과서주식회사

문체부(1988) 보도 자료: 한글 맞춤법 및 표준어 규정 개정 확정

문체부(1990) 표준어 모음(문체부 공고 제36호)

한글학회(조선어학회, 1936) 사정한 조선어 표준말 모음

한글학회(1989) 한글 맞춤법 통일안(1933~1980, 처음판 및 고침판 모음)

※ 한국어 어문 규범(2020년 현재 : 2017년 3월 및 2014년 12월 규정을 유지함)

　*한글 맞춤법, 표준어 규정, 외래어 표기법, 국어의 로마자 표기법

　1. 한글 맞춤법[문화체육관광부고시 제2017-12호(2017. 3. 28.)]

　2. 표준어 규정[문화체육관광부고시 제2017-13호(2017. 3. 28.)]

　3. 외래어 표기법[문화체육관광부고시 제2017-14호(2017. 3. 28.)]

　4. 국어의 로마자 표기법[문화체육관광부고시 제2014-42호(2014. 12. 5.)]

☞ 2020년 11월 현재 국어원 누리집은 그간 상당히 많이 변했다.
한국어 어문 규범 게시판의 자료실에 들어가 보자.
「표준어 추가 사정안(2016)」, 「한국 어문 규정집(2018)」, 「한글 맞춤법', '표준어 규정' 해설(2018)」 자료를 내려받을 수 있다.

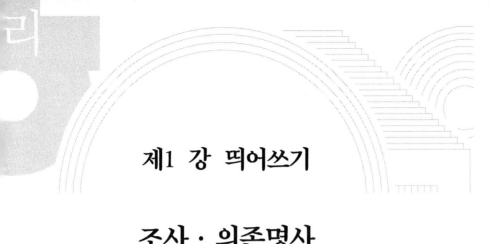

제1 강 띄어쓰기

조사 · 의존명사

제1 강 띄어쓰기: 조사 · 의존명사

✎ 국어 규범에서 띄어쓰기의 중요성은 어떠한지 자신의 생각을 간단하게 정리
  해 보자.

✎ 띄어쓰기는 한글맞춤법 규정의 한 장(章)에 불과하다. 다음 두 문장만 기억하
  면 된다.

  1) 조사는 붙여 쓰고 의존 명사나 단위를 나타내는 말은 띄어 쓰는 것이
     원칙이다.
  2) 고유 명사와 전문 용어는 붙여 쓰는 것을 허용한다.

✎ 띄어 써서 이상하지 않은 것은 띄어 쓴다. 조금 이상한 건 의심해 보는 연습을
  하면 된다.

● 문법에 대한 학습으로 초점화되지 않은 과제나 시험에서 학습자가 작성
한 글에 나타난 잘못된 띄어쓰기는 감점 대상이 되어야 하는가?

/ 띄어쓰기는 과연 무시되어도 괜찮은 것인가?

/ 띄어 써야 할 것 중에 붙여 써도 괜찮은 것들은 무엇인가?

/ 한국어 교사는 평소에 어떤 훈련을 해야 하는가?

/ 띄어쓰기 규정은 국립국어원 누리집(korean.go.kr)에서 바로 검색이 가능
하다. 한글맞춤법 제5장이다.

제5장 띄어쓰기

제1절 조사
제41항 조사는 그 앞말에 붙여 쓴다.

제2절 의존 명사, 단위를 나타내는 명사 및 열거하는 말 등
제42항 의존 명사는 띄어 쓴다.

제43항 단위를 나타내는 명사는 띄어 쓴다.

제44항 수를 적을 적에는 '만(萬)' 단위로 띄어 쓴다.

제45항 두 말을 이어 주거나 열거할 적에 쓰이는 다음의 말들은 띄어 쓴다.

제46항 단음절로 된 단어가 연이어 나타날 적에는 붙여 쓸 수 있다.

제3절 보조 용언
제47항 보조 용언은 띄어 씀을 원칙으로 하되, 경우에 따라 붙여 씀도 허용한다.
(ㄱ을 원칙으로 하고, ㄴ을 허용함.)

제4절 고유 명사 및 전문 용어
제48항 성과 이름, 성과 호 등은 붙여 쓰고, 이에 덧붙는 호칭어, 관직명 등은
띄어 쓴다.

제49항 성명 이외의 고유 명사는 단어별로 띄어 씀을 원칙으로 하되, 단위별로 띄어 쓸 수 있다.(ㄱ을 원칙으로 하고, ㄴ을 허용함.)

제50항 전문 용어는 단어별로 띄어 씀을 원칙으로 하되, 붙여 쓸 수 있다.(ㄱ을 원칙으로 하고, ㄴ을 허용함.)

※ 한글 맞춤법(문화체육관광부 고시 제2017-12호(2017. 3. 28.)

앞으로 우리가 알아야 할 핵심 개념은 이것이다.

| ○ 조사는 붙여 쓴다 | ○ 의존 명사는 띄어 쓴다 |

띄어쓰기는 간단하면서도 어렵다. 상식적으로 이미 알고 있는 지식에 더하여 조금 더 특별한 것들까지 이해하지 않으면 안 되기 때문이다. 우선 상식만 갖춰 보자.

조사는 앞말에 붙여 쓰면 된다. 하지만 이때의 조사는 격조사뿐만이 아니다. 보조사도 그렇다. '이/가, 을/를, 에, 에게/께, 께서' 등은 당연히 붙여 써야 하는 격조사가 맞다. 그러니 문제가 되지 않는다. 정작 문제는 보조사다.

보조사도 조사의 일종이니 앞말에 붙여 써야 한다. '마저, 밖에, 이나마, 처럼, 까지, 도, 만' 등은 모두 보조사다. 앞말에 붙여 써야 한다.

이와는 다르게 의존해서 쓰이는 명사는 띄어 써야 한다. '것, 바, 체, 줄, 수, 만큼' 등이 이에 해당한다.

또한 단위를 나타내는 명사도 띄어 쓴다. '개, 대, 돈, 마리, 벌, 살, 손, 자루, 켤레' 등이 그렇다. 그런데 이것도 절대적이지는 않다. 결국 당연한 것과 절대적이지 않은 것 사이에서 방황할 수 있다는 얘기다. 방황하고픈 사람이 있을 리 없다. 방황하지 않는 방법은 의외로 간단하다. 차근차근 따져 보면서 하나씩 지식으로 채워 넣으면 된다.

"띄어쓰기"는 한 단어이니 붙여 쓰지만 "띄어 써야 한다."처럼 쓸 때에는 띄어 쓴다.

1 밑줄 친 부분의 띄어쓰기가 옳지 않은 것은?

① 부모님을 한 달에 <u>두 번꼴로</u> 찾아뵈려고 노력한다.
② 서류를 정리할 때 이름을 <u>가나다순으로</u> 정리하면 편리하다.
③ 이미 그 일에 대해서는 <u>온 국민이</u> 다 알고 있다.
④ 어느 말을 믿어야 <u>옳은 지</u> 모르겠다.

생각 외로, 외국인 학습자들은 띄어쓰기를 잘한다.

우리는 말을 먼저 배우고 글로 적는 법을 익혔다. 그래서 규정보다 습관에 더 기운다.

하지만 외국인 학습자 즉, 모국어로 한국어를 익히지 않았던 학습자들은 띄어쓰기를 함께 배운다.

그래서 그들은 오히려 오류가 드물다.

한국어 교사가 띄어쓰기를 조금 더 확실하게 알아야 할 간단한, 첫 번째 이유다.

여기에서 정답은 ④번이 된다. 밑줄 친 것들을 붙여보고 띄어 써 보면서 어색한 것을 찾으면 된다. 이를 위해서는 띄어쓰기 지식을 활용할 수 있어야 한다. 띄어쓰기는 쉽지 않다. 직관적이지 않기 때문에 그렇게 보인다. 그러나 직관적이지 않기 때문에 오히려 쉽기도 하다. 알고 있는 지식의 응용이 아닌 지식 그 자체로 판단할 수 있기 때문이다.

제시 표현	띄어쓰기 요소	이해
<u>두 번꼴로</u>	두 번, -꼴, -로	횟수를 의미하는 '한 번', '두 번', '세 번' 등은 띄어 쓴다. 이때 쓰인 '한, 두, 세' 등은 관형사다. 그리고 '-꼴'은 수량을 나타내는 명사구 뒤에 붙어서 그 수량만큼 해당한다는 뜻을 더하는 접미사다. '-' 표시가 붙어 있으면 그 자리를 붙여 쓴다는 뜻이다. 여기에 쓰인 '로'는 조사다. ※'한 번밖에 안 했다'와 '어디 한번 해 보자'에서 '한 번/한번'의 띄어쓰기가 왜 다른지 생각해 보자.
<u>가나다순 으로</u>	가나다순, -으로	가나다의 차례를 뜻하는 '가나다순'은 한 단어다. '-으로'는 '-로'와 같은 조사다. 여기에서 '-으-'는 앞말의 끝음절(가나다순)에 받침이 있을 때 발음을 부드럽게 하기 위해서 쓴 것이다(매개 모음媒介母音).
<u>온 국민이</u>	온, 국민, -이	온은 '전부의, 모두의'라는 의미로 쓰이는 관형사다. 온 국민, 온 세상처럼 띄어 쓰는 것이 원칙이기는 하다. 그러나! '온갖, 온달, 온마리, 온몸, 온밤, 온음, 온종일, 온통, 온허락'은 붙여 쓴다.
<u>옳은 지</u>	옳다, -(으)ㄴ지	'옳다'에 어미 '-(으)ㄴ지'가 붙었다. '-(으)ㄴ지'는 ㄹ을 제외한 받침 있는 형용사 어간 뒤에 붙어서 막연한 의문을 나타내는 표현이다. 어미니까 당연히 붙여 쓴다. ※ 이와 비슷한 형태로, 시간을 나타내는 말과 어울려 쓰이는 '-(으)ㄴ 지'가 있다. '거기에 **간 지 십년**이 되었나'처럼 시간과 어울려 쓰일 때에는 띄어 써야 한다.

조사는 붙여 쓴다	의존 명사는 띄어 쓴다

조사란 품사의 한 가지이다. 문법적 관계를 나타내 주는 조사는 격조사와 보조사로 크게 나눌 수 있다. 격조사의 쓰임을 보자.

철수**야**! 내**가** 바로 영수**의** 가방**을** 영희**에게** 준 사람**이야**.
호격   주격   관형격   목적격   부사격   서술격

호격 조사	'야, 여, 아, 이여, 시여' 등	부르는 말, 호칭을 만드는 조사
주격 조사	'이, 가, 께서, 에서' 등	문장에서 주어를 만드는 조사
관형격 조사	'의'	꾸미는 말 즉, 관형어를 만드는 조사
목적격 조사	'을, 를'	목적어를 만드는 조사
부사격 조사	'에, 에서, 에게' 등	부사어를 만드는 조사
서술격 조사	'이다'	명사에 붙어서 서술어를 만드는 특별한(?) 조사

이처럼 격조사는 그 앞말에 붙여 써야 한다. 그리고 격조사와는 다르게 여러 자리에 두루 붙으면서 의미를 만들어 가는 보조사 역시 앞말에 붙여 써야 한다. 보조사는 물론 격조사의 자리에도 쓰인다. 우리가 흔히 주격의 조사로 알고 있는 '은, 는'은 사실 주격의 자리에 쓰는 보조사이다. 보조사의 쓰임을 한번 살펴보자.

꽃에서**부터**   꽃으로**만**   꽃**이나마**   (꽃이다)   (꽃입니다)
나**조차**   어디**까지나**   거기**도**   멀리**는**   그것**마저**

이처럼 보조사는 명사에 바로 붙기도 하고 조사에 이어 붙기도 한다. 이를 한글맞춤법에서는 '조사는 독립성이 없기 때문에 다른 단어 뒤에 종속적(從屬的)인 관계로 존재한다.'라고 설명하고 있다.

조사는(보조사를 포함하여) 항상 앞의 말에 붙여서 써야 한다. 다음을 보면서 우리가 흔히 잘못 띄어 쓰고 있던 조사의 개념을 분명하게 정리해 보자.

그것마저도	학교에서만이라도	여기서부터입니다	어디까지입니까
나가면서까지도	들어가기는커녕	옵니다그려	"알았다."라고

다음 보조사 목록을 보고 문장을 만들어 보자.

> 은/는, 만, 뿐, (이)든지, (이)라도, (이)나, (이)야말로, 은/는커녕
> (이)나마, 씩, 곧, 마다, 부터, 까지, 도, 마저

　　명사란 말 그대로 명칭(名稱)을 나타내는 단어들이다. 명칭이란 정확하게는 사물을 부르는 이름을 뜻하는데, 여기서는 무정(無情), 유정(有情), 구상(具象), 추상(抽象)을 가리지 않고 두루두루 그렇다는 의미로 쓰였다. 명사는 어떤 하나의 의미를 담고 있는 단어를 말한다. 그래서 고유 명사나 전문 용어로 쓰이는 명사가 아닌 이상, 원칙적으로 모든 명사는 띄어 써야 한다. 그러니 여기에서는 특별하게 조심해서 띄어 써야 하는 명사를 살펴보는 것이 우리에게 유리할 것이다. 우리가 알아야 할 띄어쓰기 능력은 어차피 '띄어 써야할 것을 띄어 쓰지 않은 것'을 구분하는 능력이거나 '붙여 써야 할 것을 잘못 띄어 쓴 것'이기 때문이다.

의존 명사는 띄어 쓴다.

하는∨것	할∨수	하는∨체	하는∨바	하는∨줄
할∨만큼	떠난∨지가 며칠	쌀, 보리, 콩∨들을	할∨뿐	하는∨대로
며칠∨만에	하던∨차에	(게임) 한∨판		

나만큼(비교), 그것인지 아닌지(의문/판단), 이것들(복수), 오직 너뿐(한정), 약속대로(확인/구별), 오직 나만(한정), 여행차(의도), 먹자판(형국)
⇒ 같은 형태이면서 의미도 유사해 보이지만 이들은 붙여 써야 한다. 알아두고 가자.

단위를 나타내는 명사는 띄어 쓴다.

한∨개	차 한∨대	금 서∨돈	소 한∨마리	옷 한∨벌	신 두∨켤레
열∨살	토끼 두∨마리	연필 한∨자루	나무 한∨그루	집 한∨채	종이 한∨장

수와 다음의 단위가 어울릴 때에는 띄어 쓰는 것이 원칙이지만 대부분 붙여 쓰는 것이 허용된다.

원칙	허용	원칙	허용
제일∨편	제일편	(제)일∨학년	일학년
제3∨장	제3장	삼∨층	삼층
(제)이십칠∨대	이십칠대	일천구백팔십팔∨년 오∨월 이십∨일	일천구백팔십팔년 오월 이십일
35∨원	35원	여덟∨시 오십구∨분	여덟시 오십구분

수를 적을 적에는 '만(萬)' 단위로 띄어 쓴다.

십이억∨삼천사백오십육만∨칠천팔백구십팔	12억∨3456만∨789
일금: 삼십일만오천육백칠십팔원정.	• 금액을 적을 때에는 붙여 씀을 허용한다.
돈: 일백칠십육만오천원임.	

두 말을 이어 주거나 열거할 적에 쓰이는 말들은 띄어 쓴다.

국장∨겸∨과장	열∨내지∨스물	청군∨대∨백군	책상, 걸상∨등
이사장∨및∨이사들	사과, 배, 귤∨등등	사과, 배∨등속	부산, 광주∨등지

단음절로 된 단어가 연이어 나타날 적에는 붙여 쓸 수 있다.

좀∨더 큰∨것	좀더 큰것	이∨말 저∨말	이말 저말
한∨잎 두∨잎	한잎 두잎		

항상 모든 단음절에 허용되는 것은 아니다.

이곳 저곳(◎)	내것 네것(◎)	이집 저집(◎)	한잔 술(◎)
더큰 이 새 책상(X)	더못 간다(X)	꽤안 온다(X)	늘더 먹는다(X)

이들은 지시를 나타내는 동일 요소들 간의 결합인가 아닌가에 따라서 달라진다고 생각해볼 수 있다. '이 곳 저 곳'을 '이곳 저곳'으로 붙여 쓰거나 '내 것 네 것'을 '내것 네것'처럼 붙여 쓸 수 있게 한 것은 그들 간의 형태적 결합이 의미 전달에 크게 영향을 주지 않는 것은 물론이고 문장의 구성 성분 단위에도 영향을 주지 않기 때문이다. '더 큰 이 새 책상'과 같은 경우에 '더큰 이 새 책상'과 같이 쓰지 않는 이유는 '더큰'이 이상한 형태가 되기 때문이다.[2]

---

[2] '더 큰'은 부사 '더'와 형용사 '크다'의 활용형 '큰'이 결합하여 하나의 관형절을 이루고 있다. 게다가 책상을 꾸며주는 성분이 되기 때문에 '더 큰'까지만 따로 떼어서 볼 수 없고 '더 큰 이 새'까지를 모두 관형절로 봐야 한다.

다음 문제를 표에 정리하면서 풀어보자.

☞ **본능에 기댄다.**
   띄어 써도 될 것 같은 것들을 고른다.
   그중에서 어색한 것을 버린다.

1 다음 중 띄어쓰기가 옳은 것은?

① 쓰레기를∨길에∨버리면∨안된다.
② 이∨일을∨하는∨데에∨사흘이∨걸렸다.
③ 부모∨자식간에는∨정이∨있어야∨한다.
④ 그가∨집을∨떠난지∨일∨년이∨지났다.

주목 표현	띄어쓰기/붙여 쓰기 메모	정리와 이해
안된다.	안 된다 안된다	
하는∨데에	하는데에 하는데 하는 데에	
자식간에는		
떠난지		

주목 표현	띄어쓰기/붙여 쓰기 메모	정리와 이해
① 안된다.	안∨된다	'버리면 된다'를 부정하는 표현이므로 '안∨된다'로 써야 올바르다. '안되다'는 '참 그 사람 안되었어/안됐다.', '안색이 안돼 보인다.' 또는 '올해 농사가 안돼 큰일이다.', '공부가 안돼서 잠깐 쉬고 있다.'의 의미로 쓰인다. ⇒ 사전을 찾아보고 정리해 두자.
② 하는∨데에	하는∨데에	이 문장에서 '데'는 '일'이나 '것'의 뜻을 나타내는 의존명사로 쓰였다. 의존명사는 띄어 써야 한다. '데'의 뒤에 조사 '에'가 붙여 쓰인 것으로 보아 '데'는 의존명사로 사용되었음을 알 수 있다. 따라서 ②가 정답이다. ⇒ 비슷한 형태로 어미 '-은데/는데'가 있다. 이들은 바로 뒤에 이어지는 절에서 '어떤 일을 설명하거나 묻거나 시키거나 제안하기' 위해서 쓴다. 그 대상과 상관되는 상황을 미리 말할 때에 쓰이는 연결 어미인 것이다. '볼 것은 많은데 시간이 모자란다.', '노래는 잘 부르는데 춤은 못 춘다.'처럼 쓴다.
③ 부모∨자식 간에는	부모∨자식∨간에 는	이 문장에 쓰인 '간(間)'은 일부 명사 뒤에 쓰여서 '관계'의 뜻을 나타내는 의존명사로 쓰였다. 대상과 대상 사이를 말한다. 의존명사는 띄어 써야 한다. ⇒ 기간을 나타내는 일부 명사 뒤에 붙어서 '동안'의 뜻을 더하거나 '장소'의 뜻을 더할 경우에 붙여 쓰는 접미사 '-간(間)'과 구별하자. 예) 이틀간, 한 달간 / 외양간, 마구-간(馬廄間)
④ 떠난지	떠난∨지	시간의 경과를 의미하는 의존명사 '지'는 띄어 써야 한다. • '할지 말지, 하는지 안 하는지, 먹었는지 안 먹었는지'처럼 쓰이는 모든 경우는 붙여 써야 한다. 이때의 '-지'는 '-은지/는지'에 속한 어말어미이기 때문이다. • 오로지 시간성을 나타내는 '-지'만 띄어 쓴다. 이것만 기억해 두자.

2 띄어쓰기를 포함하여 맞춤법이 모두 옳은 것은?

① 그는∨가만히∨있다가∨모임에∨온∨지∨두∨시간∨만에∨돌아가∨버렸다.
② 옆집∨김씨∨말로는∨개펄이∨좋다는데∨우리도∨언제∨한∨번∨같이∨갑시다.
③ 그가∨이렇게∨늦어지는∨걸∨보니∨무슨∨큰∨일이∨난∨게∨틀림∨없다.
④ 하늘이∨뚫린∨것인지∨몇∨날∨몇∨일을∨기다려도∨비는∨그치지∨않았다.

주목 표현	기본형	정리와 이해
온∨지∨두∨시간∨만에		
옆집∨김씨 언제∨한∨번		
늦어지는∨걸 큰∨일이∨난∨게 ∨틀림∨없다		
몇∨날∨몇∨일을		

주목 표현	기본형	정리와 이해
온∨지∨두∨시간∨만에 돌아가∨버렸다.	온∨지∨두∨시간∨만에 돌아가∨버렸다.	시간의 경과를 의미하는 의존명사 '지'는 띄어 써야 하므로 바른 표기이다. 얼마간 계속되었음을 의미하는 의존명사 '만' 역시 띄어 써야 한다. 본동사가 합성동사 '돌아가다'이기 때문에 보조동사는 띄어 쓴다(붙여 쓰는 것도 허용되기는 한다.). 따라서 ①이 정답이다.
옆집∨김씨 언제∨한∨번	옆집∨김씨 언제∨한번	성년이 된 사람의 성이나 성명, 이름 아래에 쓰여 그 사람을 높이거나 대접하여 부르거나 말할 때는 '김철수 씨, 박영희 씨'처럼 띄어 써야 한다. '씨'는 의존명사다. 그런데 접미사 '-씨(氏)'와는 구별해야 한다. 인명에서 성을 나타내는 명사 뒤에 붙어서 '그 성씨 자체', '그 성씨의 가문이나 문중'의 뜻을 더하는 경우에는 접미사로 사용되었으므로 붙여 써야 한다. '옆집 박씨, 한양 조씨'처럼 붙여 써야 한다. '번'이 차례나 횟수를 나타낼 때는 '한 번', '두 번'처럼 띄어 쓴다. '한번'을 '두 번', '세 번'으로 바꾸어 뜻이 통하면 '한 번'으로 띄어 쓰고 그렇지 않으면 '한번'으로 붙여 쓴다. 그러니 '언제 한번 밥이나 먹자.'는 붙여 써야 한다.
큰∨일이∨난∨게 틀림∨없다	큰일이∨난∨게 틀림없다	'대사(大事)'를 뜻하는 '큰일'은 한 단어로 쓰인다. 붙여 써야 한다. '틀림없다' 역시 한 단어이므로 붙여 써야 한다. • 다음은 '-없다'의 형태로 이미 한 단어로 결합된 형태들이다. 글을 쓰거나 읽을 때 주의를 해서 익혀 보자. 간데없다, 갈데없다, 거침없다, 경황없다, 관계없다, 그지없다, 기탄없다, 꼼짝없다, 꾸밈없다, 꿈쩍없다, 끄떡없다, 끊임없다, 끝없다, 너나없다, 느닷없다, 다름없다, 덧없다, 두말없다, 두서없다, 뜬금없다, 막힘없다, 맛없다, 맥없다, 멋없다, 문제없다, 물샐틈없다, 밥맛없다, 버릇없다, 변함없다, 보잘것없다, 볼품없다, 부질없

주목 표현	기본형	정리와 이해
		다, 분별없다, 분수없다, 빈틈없다, 빠짐없다, 사정없다, 상관없다, 서슴없다, 속절없다, 쓸데없다, 쓸모없다, 아낌없다, 어림없다, 어이없다, 어처구니없다, 여지없다, 염치없다, 영락없다, 유감없다, 유례없다, 인정사정없다, 재미없다, 주책없다, 지각없다, 터무니없다, 하릴없다, 하염없다, 하잘것없다, 형편없다, 힘없다 • 게는 '것이'가 준 형태이다. '것'은 의존 명사다.
몇∨날∨몇∨일을	몇∨날∨며칠을	1) '그달의 몇째 되는 날', 2) '몇 날'의 의미로 쓰는 것은 '며칠'이다. '몇일/몇 일'이라는 표현은 없다. 잘못 쓰지 않도록 주의하자. '며칠'이 맞는 표기이다. 본말은 '며칟날'이다.

☞ **띄어쓰기에 관한 연구물을 찾아보고**
　한국어교육에서 띄어쓰기 지식이 왜 중요한지를
　간단하게 정리해 보시오.

　학교 도서관을 통해서 다음 누리집에서 논문 검색을 하여 논문을 갈무리한다. 출력 또는 파일 뷰어를 통해 논문을 읽는다.

　　　http://www.dbpia.co.kr/

　　　http://kiss.kstudy.com/

　　　http://www.dlibrary.go.kr/

　이때 연구자의 의도와 목적, 그리고 문제의식을 분명하게 파악하고 그것이 과연 옳은지 비판적으로 정리해 보는 것이 옳다.

　일주일 동안 이 주제와 관련된 논문을 한 편 또는 여러 편 읽고 자신의 생각을 한번 정리해 보자.

　강의 게시판에 올리고 다른 동학들의 생각은 어떠한지 비교해 보자.

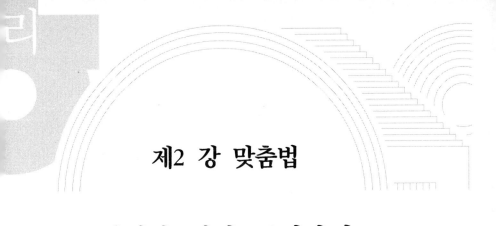

제2 강 맞춤법

어미와 접사 구별하기

제2 강 맞춤법: 어미와 접사 구별하기

✎ 국어 규범에서 맞춤법의 중요성은 어떠한지 자신의 생각을 간단하게 정리해 보자.

✎ 맞춤법이란 단어를 올바르게 쓰는 것을 말한다. 단어를 올바르게 쓴다는 것은 각각의 단어를 틀리지 않게 쓰는 것은 물론 적재적소에 잘 어울리게 쓸 줄 알아야 한다는 것을 말한다.

✎ 앞서 배운 띄어쓰기 역시 맞춤법의 하나가 된다.

✎ 맞춤법은 크게 다음을 마음에 새겨 두고 가는 것이 좋다.
→ 소리 나는 대로 기억하되, 정해진 규칙을 알고 그에 맞게 쓰려고 노력하는 것이 중요하다. 그것이 습관이 되면 요령을 터득하게 된다.

● 철자를 바르게 적는 것 외에 어떤 것이 맞춤법의 영역에 들어갈 수 있을까?

● 맞춤법 규정을 외우는 것과 원리를 이해하는 것 중 어떤 것이 학습자에게 더 중요한가?

/ 옳지 않은 글, 좋지 않은 글에는 띄어쓰기를 포함하여, 적어도 하나 이상의 맞춤법에 맞지 않은 표현이 있다.

/ 조사와 보조사, 어미 들의 형태와 역할을 명확히 이해해야 한다.

/ 다른 것과 틀린 것을 찾아내는 능력이 중요하다.

/ 그렇다면 맞춤법 관련 지식을 어디까지 익혀야 하는가?

제1장 총칙
제1항 한글 맞춤법은 표준어를 소리대로 적되, 어법에 맞도록 함을 원칙으로 한다.
제2항 문장의 각 단어는 띄어 씀을 원칙으로 한다.
제3항 외래어는 '외래어 표기법'에 따라 적는다.

제2장 자모
제4항 한글 자모의 수는 스물넉 자로 하고, 그 순서와 이름은 다음과 같이 정한다.

제3장 소리에 관한 것(제7강에서 상세히 살펴봄.) 제5항~제13항

제4장 형태에 관한 것(제7강에서 부분적으로 상세하게 다시 살펴봄.)

제1절 체언과 조사
제14항 체언은 조사와 구별하여 적는다.

제2절 어간과 어미
제15항 용언의 어간과 어미는 구별하여 적는다.

제16항 어간의 끝음절 모음이 'ㅏ, ㅗ'일 때에는 어미를 '-아'로 적고, 그 밖의 모음일 때에는 '-어'로 적는다.제17항 어미 뒤에 덧붙는 조사 '요'는 '요'로 적는다.

제17항 어미 뒤에 덧붙는 조사 '요'는 '요'로 적는다.

제18항 다음과 같은 용언들은 어미가 바뀔 경우, 그 어간이나 어미가 원칙에 벗어나면 벗어나는 대로 적는다.

제3절 접미사가 붙어서 된 말

제19항 어간에 '-이'나 '-음/-ㅁ'이 붙어서 명사로 된 것과 '-이'나 '-히'가 붙어서 부사로 된 것은 그 어간의 원형을 밝히어 적는다.

제20항 명사 뒤에 '-이'가 붙어서 된 말은 그 명사의 원형을 밝히어 적는다.

제21항 명사나 혹은 용언의 어간 뒤에 자음으로 시작된 접미사가 붙어서 된 말은 그 명사나 어간의 원형을 밝히어 적는다.

제22항 용언의 어간에 다음과 같은 접미사들이 붙어서 이루어진 말들은 그 어간을 밝히어 적는다.

제23항 '-하다'나 '-거리다'가 붙는 어근에 '-이'가 붙어서 명사가 된 것은 그 원형을 밝히어 적는다.(ㄱ을 취하고, ㄴ을 버림.)

제24항 '-거리다'가 붙을 수 있는 시늉말 어근에 '-이다'가 붙어서 된 용언은 그 어근을 밝히어 적는다.(ㄱ을 취하고, ㄴ을 버림.)

제25항 '-하다'가 붙는 어근에 '-히'나 '-이'가 붙어서 부사가 되거나, 부사에 '-이'가 붙어서 뜻을 더하는 경우에는 그 어근이나 부사의 원형을 밝히어 적는다.

제26항 '-하다'나 '-없다'가 붙어서 된 용언은 그 '-하다'나 '-없다'를 밝히어 적는다.

제4절 합성어 및 접두사가 붙은 말

제27항 둘 이상의 단어가 어울리거나 접두사가 붙어서 이루어진 말은 각각 그 원형을 밝히어 적는다.

제28항 끝소리가 'ㄹ'인 말과 딴 말이 어울릴 적에 'ㄹ' 소리가 나지 아니하는 것은 아니 나는 대로 적는다.

제29항 끝소리가 'ㄹ'인 말과 딴 말이 어울릴 적에 'ㄹ' 소리가 'ㄷ' 소리로 나는 것은 'ㄷ'으로 적는다.

제30항 사이시옷은 다음과 같은 경우에 받치어 적는다.

제31항 두 말이 어울릴 적에 'ㅂ' 소리나 'ㅎ' 소리가 덧나는 것은 소리대로 적는다.

제5절 준말

제32항 단어의 끝모음이 줄어지고 자음만 남은 것은 그 앞의 음절에 받침으로 적는다.

제33항 체언과 조사가 어울려 줄어지는 경우에는 준 대로 적는다.

제34항 모음 'ㅏ, ㅓ'로 끝난 어간에 '-아/-어, -았-/-었-'이 어울릴 적에는 준 대로 적는다.

제35항 모음 'ㅗ, ㅜ'로 끝난 어간에 '-아/-어, -았-/-었-'이 어울려 'ㅘ/ㅝ, 왔/웠'으로 될 적에는 준 대로 적는다.

제36항 'ㅣ' 뒤에 '-어'가 와서 'ㅕ'로 줄 적에는 준 대로 적는다.

제37항 'ㅏ, ㅕ, ㅗ, ㅜ, ㅡ'로 끝난 어간에 '-이-'가 와서 각각 'ㅐ, ㅖ, ㅚ, ㅟ, ㅢ'로. 줄 적에는 준 대로 적는다.

제38항 'ㅏ, ㅗ, ㅜ, ㅡ' 뒤에 '-이어'가 어울려 줄어질 적에는 준 대로 적는다.

제39항 어미 '-지' 뒤에 '않 -'이 어울려 '-잖-'이 될 적과 '-하지' 뒤에 '않 -'이 어울려 '-찮-'이 될 적에는 준 대로 적는다.

제40항 어간의 끝음절 '하'의 'ㅏ'가 줄고 'ㅎ'이 다음 음절의 첫소리와 어울려 거센소리로 될 적에는 거센소리로 적는다.

제5장 띄어쓰기(제1강에서 살펴보았다.)

제6장 그 밖의 것

제51항 부사의 끝음절이 분명히 '이'로만 나는 것은 '-이'로 적고, '히'로만 나거나 '이'나 '히'로 나는 것은 '-히'로 적는다.

제52항 한자어에서 본음으로도 나고 속음으로도 나는 것은 각각 그 소리에 따라 적는다.

제53항 다음과 같은 어미는 예사소리로 적는다.(ㄱ을 취하고, ㄴ을 버림.)

제54항 다음과 같은 접미사는 된소리로 적는다.(ㄱ을 취하고, ㄴ을 버림.)

제55항 두 가지로 구별하여 적던 다음 말들은 한 가지로 적는다.(ㄱ을 취하고, ㄴ을 버림.)

제56항 '- 더라, - 던'과 '- 든지'는 다음과 같이 적는다.

제57항 다음 말들은 각각 구별하여 적는다.

[부록] 문장부호

⇒ 한국어 단어는 그 내용과 기능에 따라서 다음처럼 구분한다.

⇒ 동사(가다, 오다, 먹다, 살다)와 형용사(예쁘다, 좋다, 크다, 작다) 등은 여러
   형태의 어미(-어요, -어서, -니까, -는데…)와 결합하여 활용하면서 문장의 구
   성요소로 기능한다. 이때 어미의 앞에 붙어서 뜻을 나타내는 부분을 어간(語
   幹: 말의 줄기)이라고 부른다. 어미(語尾: 말의 꼬리)는 어간이 가진 뜻을 문
   장이 나타내는 의미와 기능에 맞게 확장(?)시키는 역할을 한다.

앞으로 우리가 알아야 할 핵심 개념은 이것이다.

| 맞춤법 | 어미와 접사 구별하기 |

맞춤법이 왜 필요할까? 정해 놓은 규정에 맞게 똑바로 잘 쓰자는 얘기다. 사람이 살아내면서 나누는 표현이란 너무도 다양할 수밖에 없다. 이 다양성은 긍정적 측면에서 언어의 발전을 가져오지만 부정적인 측면에서 보면 언어를 혼란스럽게 만드는 주범이 된다. 그래서 정해 놓은 것이다. 그러니 외우면 되는데, 까다로운 규정을 외우기란 쉽지 않다. 그때그때 확인해 가는 버릇을 들이는 것이 제일 좋다.

전개 학습 다음 질문에 대답해 보자.

1 다음 글의 오류를 바로잡는다고 할 때 적절한 지적으로 볼 수 없는 것은?

> 30년 전이 조금 아까 같을 때가 있다. 나의 시선이 일순간에 수천수만 <u>광년(光年)밖에</u> 있는 <u>별에 갈 수 없듯이</u>, 기억은 수십 년 전 한 초점에 도달할 수 있는 까닭이다. <u>그러나</u> 나와 그 별 사이에는 <u>희미해지는</u> 공기와 멀고 먼 진공이 있을 <u>뿐이오</u>, 30년 전과 지금 사이에는 변화 곡절이 무상하고 <u>농도 두터운</u> '생활'이라는 것이 있다. 이 생활 역사를 한 페이지 읽어 보면 일 년이라는 세월은 긴긴 <u>세월이오</u>, 하룻밤, 아니 오 분에도 별별 사건이 다 생기는 것이다.

① '광년(光年)밖에'는 '광년(光年) 밖에'로 띄어 써야 한다.
② '별에 갈 수 없듯이'는 '별에 갈 수 있듯이'로 고쳐야 논리적으로 옳다.
③ 접속어 '그러나'는 '그러므로'로 바꾸어야 전후 간의 문맥을 분명하게 드러낼 수 있다.
④ '희미해지는'과 '농도 두터운'은 각각 '희박해지는'과 '농도 짙은'으로 고쳐야 그 의미가 정확하다.
⑤ '뿐이오'와 '세월이오'는 종결어미가 아닌 연결어미이므로 각각 '뿐이요'와 '세월이요'로 고쳐 써야 한다.

정답은 ③이 된다. 보기의 문장을 모조리 바꿔서 읽어 보면 된다. 읽어 가면서 올바른 것들을 찾아가면 쉽다.

제시 표현	맞춤법 형태	이해
광년(光年)밖에	−밖에 ^밖에	앞말에 붙여 쓰는 '−밖에'는 보조사다. 앞말에 붙어서 '그것 외에는 (없다)'의 의미로 쓰인다. 앞말과 띄어 써야 하는 '밖에'는 말 그대로 그것 바깥을 의미한다. 명사 '밖'에 조사 '에'가 붙은 표현이다. '광년 밖에'가 맞다.
별에 갈 수 없듯이	틀린 부분 없음. 없듯이 있듯이	앞뒤 문맥으로 보아 '있듯이'가 맞다. 뒤에 이어지는 문장이 '∼ 도달할 수 있는 까닭이다.'이니까 당연히 '있듯이'로 이어져야 한다. 호흡을 길게 이어가며 읽어 보면 알 수 있다.
그러나	그러나 그러므로	접속 표현 앞과 뒤를 잘 이해해야 한다. 앞 분에서는 '30년 전이 조금 아까 같을 때가 있다.'가 핵심 문장이다. 뒷부분은 '일 년도 길다'로 압축할 수 있다. 앞뒤 문장을 역접(逆接)으로 이어주는 '그러나'가 맞다.
희미해지는 공기 농도 두터운 생활	희박해지는 공기 농도 짙은 생활	어떤가? 너무도 친절하다. 보기 텍스트에서 그냥 지나칠 수도 있었을 텐데 친절히 알려주었다. 고치는 것이 맞다.
뿐이오, 세월이오,	뿐이요, 세월이요,	제시항의 설명이 조금 애매해 보이기는 하지만 '연결은 −요, 종결은 −오.'가 맞다.

맞춤법은 사전에 올리는 자모의 순서부터 소릿값에 따라서 올바르게 적는 법, 단어들을 구분하여 적는 법, 띄어 쓰는 법 따위를 명확하게 규정해 놓은 것이다. 한국어 교사라면 반드시 알고 있어야 하는 부분이다.

약속된 올바른 표현을 쓸 줄 안다는 건 꽤나 큰 능력으로 평가받는다. 하물며 한국어 교사라면 두 말할 나위가 없다. 하지만 쉽게 익혀지지 않는 맞춤법. 일단 지금은 이것만 기억하고 가 보자.

- 소리 나는 대로 적는다.
- 예외인 규칙들을 눈여겨본다.
- 조사는 붙여 쓴다.
- 보조사도 붙여 써야 한다.
- 어간과 어미는 당연히 붙여 써야 한다.
- 접두사(接頭辭)와 접미사(接尾辭)라는 녀석도 있다.
- 붙인다는 의미를 가진 '접' 자를 쓰고 있으니 앞뒤에 붙는 녀석이다. 붙어서 어떤 역할이든 할 거라고 생각하면 된다.
- 게다가 역사적으로 굳어진 표현들이 있다. 이건 원리나 원칙보다는 어쩔 수 없이 굳어진 표현들이다.
- 요런 녀석들을 알아야 잘난 척하기 딱이다. 예외적이니까 그렇다.

문장의 짜임에 따라서 띄어쓰기는 달라질 수밖에 없다. 속지 말자. '문틈'이란 단어는 합성어로서 한 단어이지만 '열린 문틈'으로 그녀를 볼 수는 없다. '열린 문'+'틈'이어야 한다. 그러므로 그녀는 '열린 문 틈'으로만 볼 수 있다.

⇒ 문틈의 사전적 정의는 '닫힌 문이 벌어져 사이가 난 자리'이다. 문틈 사이로 불빛이 새어 나올 수도 있고 옷자락이 문틈에 끼일 수도 있다. 게다가 문틈으로 여러 가지를 들여다 볼 수도 있다. 하지만 '열린'+'문틈'은 불가하다. '문틈'이란 '닫혀 있는 것의 틈'이어야 하기 때문이다.

맞춤법	○ 어미와 접사 구별하기

맞춤법을 공부하기 위해서 〈한글맞춤법〉을 무턱대고 샅샅이 들여다보는 것은 매우 어리석은 일이다(차라리 표준어규정을 한 번 더 훑어보는 것이 더 낫다.). 거기에는 올바르게 적는 원칙만 나와 있다. 물론 그 원칙에 대한 이해는 필요하지만, 우리에게는 조금 빨리 맞춤법을 익히고 수업에 적용할 수 있는 능력을 기르는 지름길이 필요하다.

⇒ 잘못 쓰기 딱 좋은 표현들을 보면서 이해하는 것이 가장 좋은 지름길이다.

잘못 쓰기 딱 좋은 표현들을 확인해 보자.

틀린 표현	바른 표현	의미와 해설
거에요.	온 거예요.	종결의 어미로 자주 틀리는 표현이다. 받침이 없으면 무조건 '-예요'를 서야 한다. '차예요', '누나예요.'가 맞다. 받침이 있는 건 '-이에요'를 쓴다. 예외는 단 하나뿐이다. '아니에요'.
주십시요.	주십시오.	종결의 '-십서요'는 지구상에 없다. '어서 오십시요.'도 틀린 거다. '어서 오십시오.'가 맞다.
구어진	구워진	'굽다'의 활용은 '구워'가 된다. 따라서 '-어지다'와 결합할 때 '구워지다'가 된다.
담궈	담가	냇물에 발을 담그고, 김치도 담근다. 이건 모두 '담가야' 하는 거다. '담그다'에서 종결어미 '-다'를 빼면 '담ㄱ'가 남는다. 이게 어간이다. '_'는 탈락한다. 그러니 연결의 어미 '아/어'와 결합할 때 당연히 '담가'가 된다. 문을 '잠그다'도 마찬가지다. '잠궈'는 없다. '잠가'가 맞다.

틀린 표현	바른 표현	의미와 해설
사랑할 꺼야.	사랑할 거야.	무엇을 하는 것, 할 것의 구어 표현은 '하는 거', '할 거'다. 소리가 세게 난다고 해서 '꺼'로 쓰면 안 된다. 무식해 보인다. 마찬가지로 '내가 무엇을 할게.'에서 '할께'로 쓰면 무식한 거다.
−이였어요.	−이었어요.	흔히 잘 안 틀릴 것 같지만 잘 틀린다. '무엇이었어요'가 맞다. '**무엇이였어요**'는 틀린 거다.
김성범씨	김성범 씨	이름과 씨는 띄어 써야 한다. 이름과 님도 띄어 쓰는 것이 원칙이다. 뉴스에 나오는 '김 모 씨'처럼 띄어 써야 하고, 성으로만 부르는 경우 '우리 동네 고추 박사 황씨' 이렇게 붙여서 적는다. *그런데 여러 뉴스에서 '김모씨, 김모 씨, 김 모 씨'처럼 달리 적는 양상을 확인할 수 있다. 이는 '김씨'를 원칙으로 삼아 '김모씨'로 적은 것, '김OO 씨'를 원칙으로 삼아 '김모 씨'로 적은 것, 그리고 '아무개의 뜻을 나타내는 대명사 모(某)'를 하나의 단어로 보아 '김 모 씨'로 적은 것으로 해석할 수 있다. 사실 셋 다 틀린 말은 아니다.
뿌리채	뿌리째	있는 그대로를 의미하는 말은 '−째'를 붙여서 만든다. '통째'가 맞다. '−채'를 붙여서 만드는 말은 '사랑채, 안채'다.

활용형으로 잘 틀리는 표현으로는 '날으는(X)', '부풀은(X)', '있슴(X)' 등이 있다. 이들은 각각 '나는', '부푼', '있음.'이 맞다.

단어를 잘못 알고 있는 것들로는 '눈꼽 〉 눈곱', '밑둥 〉 밑동', '오랫만 〉 오랜만', '오랜동안 〉 오랫동안' 등이 있다.

'딴지와 딴죽', '웅큼/움쿰/움큼', '넝굴/덩쿨/덩굴' 이것들 중에서 맞춤법에 맞게 쓴 것은 무엇인지 사전에서 찾아보자.

어미는 앞말 즉 어간에 붙여 쓴다. 그러므로 동사와 형용사의 기본형에서 어간을 구분하면 쉽다. 그런데 '드러나다, 사라지다, 쓰러지다'처럼 본뜻에서 멀어진 것의 어간을 밝혀 적는 것은 쉽지 않다. 그러니까 그냥 적는다.

연결 어미는 '-(이)요,'이고 종결 어미는 '-(이)오.'를 쓴다. 무조건 그렇다.

양성 모음과 음성 모음을 배웠다. '아/오'는 양성 모음이고 '어/우/으/이'는 음성 모음이다. 끼리끼리 결합한다. 어간이 양성이면 어미도 양성이고 음성이면 음성과 결합한다.

어간이 줄어드는 녀석들이 있다. 바뀌거나 탈락하거나 그냥 그대로 적는다. 바뀐 대로, 탈락하는 대로… 이게 원칙이다.

갈다	놀다	불다	둥글다	어질다	긋다	낫다	잇다	짓다
가니	노니	부니	둥그니	어지니	그어	나아	이어	지어
간	논	분	둥근	어진	그으니	나으니	이으니	지으니
갑니다	놉니다	붑니다	둥급니다	어집니다	그었다	나았다	이었다	지었다

집다, 굽다[炙], 가깝다, 괴롭다 등의 단어는 각각 '기워, 구워, 가까워, 괴로워'처럼 변한다. 'ㅂ'이 '우'로 바뀌기 때문이다. 이게 'ㅂ불규칙'이다. '잡다 -잡고-잡으니-잡아서'처럼 ㅂ이 변하지 않는 것 외에, 불규칙으로 변하는 모든 단어는 '우'로 바뀐다. 단! 이 두 단어만 빼고 모두 원칙을 따른다. '돕다, 곱다' 이들은 '도와, 고와'처럼 변한다.

값지다	흩지다	넋두리	빛깔
낚시	늙정이	덮개	뜯게질
갉작갉작하다	갉작거리다	뜯적거리다	뜯적뜯적하다
굵다랗다	굵직하다	깊숙하다	넓적하다
높다랗다	늙수그레하다	얽죽얽죽하다	

명사나 혹은 용언의 어간 뒤에 자음으로 시작된 접미사가 붙어서 된 말은 그 명사나 어간의 원형을 밝히어 적는다. 한번 죽(쭉) 훑어보고 지나가자.

'딱하다, 숱하다, 착하다, 텁텁하다, 푹하다, 부질없다, 상없다, 시름없다, 열없다, 하염없다'처럼 '-하다'나 '-없다'가 붙어서 된 용언도 있다.

　"부사의 끝음절이 분명히 '이'로만 소리 나는 것은 '-이'로 적고, '히'로만 소리 나거나 '이'나 '히'로 소리 나는 것은 '-히'로 적는다."는 규칙이 있다. 어렵다. 그냥 보고 한번 외워 보자.

'이'로만 소리 나는 것

가붓이	깨끗이	나붓이	느긋이	둥긋이	따뜻이	반듯이	버젓이
산뜻이	의젓이	가까이	고이	날카로이	대수로이	번거로이	틈틈이
많이	적이	헛되이	겹겹이	번번이	일일이	집집이	

'히'로만 소리 나는 것

극히	급히	딱히	속히	작히	족히	특히	엄격히	정확히

'이, 히'로 소리 나는 것

솔직히	가만히	간편히	나른히	무단히	각별히	소홀히	답답히
쓸쓸히	정결히	과감히	꼼꼼히	심히	열심히	급급히	섭섭히
공평히	능히	당당히	분명히	상당히	간소히	고요히	도저히

☞ 이 역시 본능에 기대어 본다.

  물 흐르듯 자연스럽게 읽어본다.

  그 중에서 어색한 것들을 추린다.

  비슷한 다른 표현들은 어떻게 변화하는지 비교해 본다.

  기본형부터 다시 시작해 본다.

1 밑줄 친 단어 중 어문 규정에 맞지 않는 것은?

① 불 좀 쬐어야겠구나.

② 선배님, 다음에 봬요.

③ 점점 목을 죄여 오는 느낌이야.

④ 될 대로 되라는 식의 사고는 좋지 않아.

제시 표현	맞춤법 형태	정리와 이해

제시 표현	맞춤법 형태	정리와 이해
쬐어야겠구나	쬐어야겠구나	'쬐다'는 '쪼이다'의 준말 형태이다. '쬐다'는 '쬐어야겠구나'로 활용하고, '쪼이다' ' 쪼이어야겠구나(쪼여야겠구나)'로 활용한다. ⇒ 활용된 형태를 포함하여, 단어를 구성하는 모음은 결합할 수 있을 때까지 결합하는 성격을 지닌다. ⇒ 이는 언어의 경제성 때문이다. ⇒ 최대한 힘들지 않게 발음하고 쓰려고 해서 그런 거다. 그러다 보니 쓰기에는 단순해졌지만 이해하기 어려워지기는 했다.
봬요	뵈어요 → 봬요	'웃어른을 대하여 보다'는 의미로 쓰이는 '뵈다'가 활용하면 '뵈어요'가 된다. '뵈어요'의 준말 은 '봬요'가 올바른 표기이다. ⇒ 보통 '봐요'로 잘못 쓸 확률이 매우 높은 활용형이다. ⇒ '되다'의 활용형인 '돼요(되어요)'도 마찬가지이다. '되요'로 쓰면 틀린 거다. '되요'를 쓸 수 있는 경우는 '한 되요, 두 되요'일 때만 가능하다.
죄여	→ 죄어, 조여	'조이다'의 준말 형태는 '죄다'이다. '조이다'는 '조이어(조여)'로 활용하고, '죄다'는 '죄어'로 활용해야 올바르다. 따라서 정답은 ③이다. ⇒ 단어의 활용형을 분석할 때에는 최대한 많이 나누어 보는 것이 좋다. ⇒ *'죄여' = /죄 → 조이/ + /여 → 이어/ 그러므로 *'죄여' = /조이 + 이어/의 결합형이 된다. ⇒ 기본형 '조이(다)'에 쓸데없이 '-이어'처럼 '-이-'를 또 붙일 이유가 없다. 이 경우에는 그냥 '-어'만 붙인다.
되라는	되라는	간접 인용으로 쓰일 때만 '되라'를 쓸 수 있다. '되다'의 어간 '되-'에 '-라는/라고' 등은 바로 붙을 수 있다. ⇒ 이것은 간접 인용의 표현이다. ⇒ 앞서 배운 'ㄹ'의 속성 중 하나로 이해하면 되겠다. ⇒ 간접 인용이 아닌 경우에는 당연히 '돼라', 즉 '되어라'의 준말 형태로 써야 한다.

2 밑줄 친 단어 중 표준어인 것은?

① 살다 보면 별 <u>희안한</u> 일이 다 생기지요.
② 고향에서 온 편지를 뜯어본 그의 심정은 <u>착찹하기</u> 이를 데 없었다.
③ 이렇게 심하게 아픈 줄 알았더라면 <u>진즉</u> 병원에 가 볼 것을 그랬다.
④ 그가 그처럼 <u>흉칙스러운</u> 생각을 가지고 있었다는 게 믿어지지 않았다.

제시 표현	맞춤법 형태	정리와 이해

제시 표현	맞춤법 형태	정리와 이해
희안한	희한한	기본형이 '희한(稀罕)하다'이다. '희한한'이 바른 표기이다. ⇒ 이상하게도 자주 틀리는 표현이다. ⇒ '희안할' 수 없다. 희한해야 옳다. 희(稀)와 한(罕)은 모두 '드물다'라는 뜻을 가진 한자이다.
착찹하기	착잡하기	'착잡(錯雜)하다 = 갈피를 잡을 수 없이 뒤섞여 어수선하다'는 의미로 쓴다. 어지러워서 섞인다는 의미의 한자로 구성되었다. 이걸 뒤집어서 쓰면 '잡착(雜錯)하다'가 된다. 같은 의미로 쓰는 다른 단어다. ⇒ 한자로 기억하면 조금 더 쉽게 기억할 수 있다. 소리와 표기가 명확하게 구분되지 않는 단어들을 헷갈리지 않도록 유심히 보고 가는 습관이 필요하다.
진즉	진즉	'진즉(趁卽) = 좀 더 일찍'이라는 의미. '쫓을 진(趁)'에 '곧/나아갈 즉(卽)'자가 결합된 한자어다. 주로 기대나 생각대로 잘되지 않은 지나간 사실에 대한 뉘우침이나 원망의 뜻을 담고 있다. 따라서 정답은 ③이다. ⇒ '진즉에'로도 쓴다. ⇒ 진작, 진작에도 같은 의미로 쓴다.
흉칙스러운	흉측스러운	몹시 흉악한 데가 있다는 의미의 원 단어는 '흉악망측-스럽다(凶惡罔測---)'이다. 간단하게 '흉측(凶測)스럽다'로 쓰기도 한다. ⇒ '흉칙'이라는 단어가 사전에 있기는 하지만 마땅한 한자어가 없다. 그래서 찾아보면 '흉측'으로 가라고 써 두고 있다. 이는 발음이 변한 한 형태로 보아야 한다.

☞ **맞춤법에 관한 연구물을 찾아보고**
　한국어교육자에게 맞춤법 지식이 왜 중요한지를
　간단하게 정리해 보시오.

　논문을 검색할 때에는 일단 다음 단어들을 핵심어로 하여 찾아보는 것이 좋다.

> 맞춤법, 띄어쓰기, 자모, 소리, 형태, 어미, 조사 등등

　이후 결과 내 재검색을 통해서 규범 또는 규정으로 연산 검색하면 한글 맞춤법 관련 연구물을 손쉽고 정확하게 찾을 수 있다.

　맞춤법 관련 논문 여러 개를 찾았다면 학술지나 학위 논문 한 편을 선택하여 그것의 참고문헌을 확인해 보자. 검색에서 보지 못했던 관련 논저를 확인할 수 있을 것이다.

　일주일 동안 이 주제와 관련된 논문을 한 편 또는 여러 편 읽고 자신의 생각을 한번 정리해 보자.

　강의 게시판에 올리고 다른 동학들의 생각은 어떠한지 비교해 보자.

제3 강 표준발음법

모음과 받침의 발음 · 음의 변화

제3 강 표준발음법: 모음과 받침의 발음 · 음의 변화

🔍 국어 규범에서 표준발음의 중요성은 어떠한지 자신의 생각을 간단하게 정리
해 보자.

🔍 글로 쓴 것과 소리 나는 것 즉 발음의 차이는 왜 날 수밖에 없는지 고민해 보자

🔍 표준발음법은 표준어 규정의 한 영역으로서, 현대 국어의 올바른 발음을 갈무
리하고 제안해 둔 규정이다. '단어 또는 그 연쇄 시에 일어나는 발음의 표준을
정해 둔 것'이라고 할 수 있다.

🔍 지역마다, 사람마다 조금씩 발음을 달리 하는 것은 사실 사는 데에 크게 문제
되지는 않는다. 오히려 다양성 측면에서는 권장할 만하다.

🔍 하지만 한국어 교사로서 우리는 아니다. 그러면 안 된다. 교육하기 힘들어진
다. 그러니 올바른 발음에 대해서 조금 더 명확히 알 필요가 있다.

🔍 표준발음은 크게 다음 원칙을 알고 가는 것이 좋다.

→ 최대한 자연스럽게 발음하고, 기본형을 환언 구성해서 규칙을 적용해
보는 습관을 키우는 것이 좋다.

● 여기 글자 그대로 소리 나는 것과 그렇지 않은 것이 있다. 그렇지 않은 것,
즉 소릿값이 변한 것은 언제나 어떤 일정한 규칙으로 정리할 수 있을까?

/ 단어나 문장 구성 요소 중에는 표기된 것과 다르게 소리 나는 것이 있다.
/ 틀린 발음이라는 것은 규정을 벗어난 발음을 말한다.
/ 발음 규정에 대한 지식이 필요하다.

표준어 규정 제2부 표준 발음법

제1장 총칙
제1항 표준 발음법은 표준어의 실제 발음을 따르되, 국어의 전통성과 합리성을
고려하여 정함을 원칙으로 한다.

제2장 자음과 모음
제2항 표준어의 자음은 다음 19개로 한다.
제3항 표준어의 모음은 다음 21개로 한다.
제4항 'ㅏ ㅐ ㅓ ㅔ ㅗ ㅚ ㅜ ㅟ ㅡ ㅣ'는 단모음(單母音)으로 발음한다.
제5항 'ㅑ ㅒ ㅕ ㅖ ㅘ ㅙ ㅛ ㅝ ㅞ ㅠ ㅢ'는 이중 모음으로 발음한다.

제3장 음의 길이
제6항 모음의 장단을 구별하여 발음하되, 단어의 첫음절에서만 긴소리가 나타나
는 것을 원칙으로 한다.
제7항 긴소리를 가진 음절이라도, 다음과 같은 경우에는 짧게 발음한다.

제4장 받침의 발음
제8항 받침소리로는 'ㄱ, ㄴ, ㄷ, ㄹ, ㅁ, ㅂ, ㅇ'의 7개 자음만 발음한다.
제9항 받침 'ㄲ, ㅋ', 'ㅅ, ㅆ, ㅈ, ㅊ, ㅌ', 'ㅍ'은 어말 또는 자음 앞에서 각각 대표
음 [ㄱ, ㄷ, ㅂ]으로 발음한다.

제10항 겹받침 'ㄳ', 'ㄵ', 'ㄼ, ㄽ, ㄾ', 'ㅄ'은 어말 또는 자음 앞에서 각각 [ㄱ, ㄴ, ㄹ, ㅂ]으로 발음한다.

제11항 겹받침 'ㄺ, ㄻ, ㄿ'은 어말 또는 자음 앞에서 각각 [ㄱ, ㅁ, ㅂ]으로 발음한다.

제12항 받침 'ㅎ'의 발음은 다음과 같다.

제13항 홑받침이나 쌍받침이 모음으로 시작된 조사나 어미, 접미사와 결합되는 경우에는, 제 음가대로 뒤 음절 첫소리로 옮겨 발음한다.

제14항 겹받침이 모음으로 시작된 조사나 어미, 접미사와 결합되는 경우에는, 뒤 엣것만을 뒤 음절 첫소리로 옮겨 발음한다.(이 경우, 'ㅅ'은 된소리로 발음함.)

제15항 받침 뒤에 모음 'ㅏ, ㅓ, ㅗ, ㅜ, ㅟ'들로 시작되는 실질 형태소가 연결되는 경우에는, 대표음으로 바꾸어서 뒤 음절 첫소리로 옮겨 발음한다.

제16항 한글 자모의 이름은 그 받침소리를 연음하되, 'ㄷ, ㅈ, ㅊ, ㅋ, ㅌ, ㅍ, ㅎ'의 경우에는 특별히 다음과 같이 발음한다.

제5장 음의 동화

제17항 받침 'ㄷ, ㅌ(ㄾ)'이 조사나 접미사의 모음 'ㅣ'와 결합되는 경우에는, [ㅈ, ㅊ]으로 바꾸어서 뒤 음절 첫소리로 옮겨 발음한다.

제18항 받침 'ㄱ(ㄲ, ㅋ, ㄳ, ㄺ), ㄷ(ㅅ, ㅆ, ㅈ, ㅊ, ㅌ, ㅎ), ㅂ(ㅍ, ㄼ, ㄿ, ㅄ)'은 'ㄴ, ㅁ' 앞에서 [ㅇ, ㄴ, ㅁ]으로 발음한다.

제19항 받침 'ㅁ, ㅇ' 뒤에 연결되는 'ㄹ'은 [ㄴ]으로 발음한다.

제20항 'ㄴ'은 'ㄹ'의 앞이나 뒤에서 [ㄹ]로 발음한다.

제21항 위에서 지적한 이외의 자음동화는 인정하지 않는다.

제22항 다음과 같은 용언의 어미는 [어]로 발음함을 원칙으로 하되, [여]로 발음함도 허용한다.

제6장 경음화

제23항 받침 'ㄱ(ㄲ, ㅋ, ㄳ, ㄺ), ㄷ(ㅅ, ㅆ, ㅈ, ㅊ, ㅌ), ㅂ(ㅍ, ㄼ, ㄿ, ㅄ)' 뒤에 연결되는 'ㄱ, ㄷ, ㅂ, ㅅ, ㅈ'은 된소리로 발음한다.

제24항 어간 받침 'ㄴ(ㄵ), ㅁ(ㄻ)' 뒤에 결합되는 어미의 첫소리 'ㄱ, ㄷ, ㅅ, ㅈ'은 된소리로 발음한다.

제25항 어간 받침 'ㄼ, ㄾ' 뒤에 결합되는 어미의 첫소리 'ㄱ, ㄷ, ㅅ, ㅈ'은 된소리

로 발음한다.

제26항 한자어에서, 'ㄹ' 받침 뒤에 연결되는 'ㄷ, ㅅ, ㅈ'은 된소리로 발음한다.

제27항 관형사형 '-(으)ㄹ' 뒤에 연결되는 'ㄱ, ㄷ, ㅂ, ㅅ, ㅈ'은 된소리로 발음한다.

제28항 표기상으로는 사이시옷이 없더라도, 관형격 기능을 지니는 사이시옷이 있어야 할(휴지가 성립되는) 합성어의 경우에는, 뒤 단어의 첫소리 'ㄱ, ㄷ, ㅂ, ㅅ, ㅈ'을 된소리로 발음한다.

제7장 음의 첨가

제29항 합성어 및 파생어에서, 앞 단어나 접두사의 끝이 자음이고 뒤 단어나 접미사의 첫음절이 '이, 야, 여, 요, 유'인 경우에는, 'ㄴ' 음을 첨가하여 [니, 냐, 녀, 뇨, 뉴]로 발음한다.

제30항 사이시옷이 붙은 단어는 다음과 같이 발음한다.

읽어가면 읽어갈수록 예들이 궁금해질 것이다. 직접 국립국어원 누리집에서 확인해 보자. 거기에 다 있는데, 예까지 이곳에 적는 것은 아무래도 지면 낭비다.

한글 자음은 모두 19개(기본자음 14개+된소리 5개)다. 다음처럼 기억해 보도록 하자.

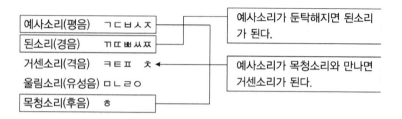

한 이십여 년 전 학생들은 이를 "구두 벗어줘 마누라야 흐흐흐" 이런 식으로 외우기도 했다.

⇒ 모음은 모두 21개다. 이는 단모음과 이중모음으로 나눠서 기억하는 것이 좋다.
　단모음　　10개: ㅏ ㅐ ㅓ ㅔ ㅗ ㅚ ㅜ ㅟ ㅡ ㅣ
　이중모음 11개: ㅑ ㅒ ㅕ ㅖ ㅘ ㅙ ㅛ ㅝ ㅞ ㅠ ㅢ

이들은 그 발음 위치와 입의 벌림 정도, 입모양에 따라서 전설모음/중설모음/후설모음, 고모음(폐모음)/중모음(반폐/반개모음)/저모음(개모음), 평순모음/원순모음 등으로 구분하기도 한다.

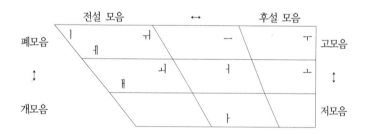

앞으로 우리가 알아야 할 핵심 개념은 이것이다.

| ○ 모음의 발음 | ○ 받침의 발음 | ○ 음의 변화 |

일반적으로 말은 시간이 흐를수록 형태와 어법은 단순해지고 발음은 세지는 경향을 보인다. 말하는 사람의 경제성과 명확성이 우선되기 때문이다. 쉽고 편하게 발음하려고 하고, 조금 더 분명하게 전달하려다 보니 많은 음가들이 중화되기도 하고 거세지기도 한다. '네가'라고 적고 당연히 [네가]라고 발음해야 할 자리에서 *[니가]라고 발음하게 되면서 표기 역시 '늬카'로 굳어져 가고 있는 현상은 이를 잘 나타내 주는 단적인 예가 된다.

평소 발음에 신경을 쓰면서 소리 내는 사람은 사실 많지 않다. 그런데 발음은, 하나하나 신경 쓰기 시작하면, 이게 또 보통 일이 아니다. 이상하게도 발음과 음의 변화는 규칙을 외우려고 하면 할수록 더 어려워지기만 하는 영역이다.

전개 학습 다음 질문에 대답해 보자.

1 다음을 '표준 발음법'에 따라 발음하지 않은 것은?

| 민주주의의 의의 |

① [민주주의에 으: 이]
② [민주주의의 의: 의]
③ [민주주이에 의: 의]
④ [민주주이에 의: 이]

여기에서 정답은 ①번이 된다.

단어의 연쇄 안에서 발음이 옳지 않은 것을 찾으면 된다.

이를 위해서는 단어 각각의 표준 발음을 우선 확인할 필요가 있다.

그리고 다시 이것이 적절한지 하나하나 확인을 해 봐야 한다.

제시 표현	규칙의 적용	이해
민주주의+의 의의	[민주주의에]+[으:이]	관형어를 만들어 주는 관형격 조사 '의'는 [의]로 발음하는 것이 옳지만 [에]로 발음하는 것도 허용한다. '의의', '회의', '모의' 등의 단어는 [의:이], [훼:이], [모이]로 발음해도 허용된다. 하지만 원칙은 [의:의], [회:의], [모의]가 맞다. 단어의 첫 음절에 오는 '의'는 어떤 경우에라도 [으]로 발음될 수 없다.
	[민주주의의]+[의:의]	[민주주의의]는 맞는 발음이다. [의:의]는 맞는 발음이다.
	[민주주의에]+[의:의]	[민주주의에] 역시 맞는 발음이다. [의:의]는 맞는 발음이다.
	[민주주의에]+[의:이]	[민주주의에] 역시 맞는 발음이다. [의:이] 역시 맞는 발음이다.

모국어로써 말을 한다는 것은, 나고 자라면서 부단히 반복하며 성취되는, 자신의 언어 습관 안에서 질서를 획득해 나아가는 과정이다. 그런데 이 질서는 지역과 가정, 개인에 따라서 조금씩 차이가 있을 수 있다. 누구나가 표준어를 똑같은 표준 발음으로 구사하는 것은 아니다. 사실 그럴 수도 없고 그것을 절대적으로 강요할 필요도 없다. 이건 뭐 표준어와 표준발음의 숙명인 거다. 어쨌든 다양한 발음을 표준화한다는 것은 쉽지 않은 일이고, 이의 원리와 적용 규칙을 지식으로 외워야 한다는 것은 더 쉽지 않은 일인 거다. 그래도

하나 다행인 것은, 습관에만 충실히(?) 기대어도 우리가 그렇게 크게 잘못된 발음을 할 리는 없다는 거다.

여러분은 이를 닦을 때 어떻게 발음하는가? 닦다를 [닥따]로 발음하는가 *[딱따]로 발음하는가? 떨어진 물건을 [주워야] 할 자리에 *[주서야]로 발음하고 있지는 않은가? 우리는 흔히 [씻어서] 먹어야 할 것을 *[씻거서] 먹기도 하고 심지어는 [나눠] 먹어야 할 것을 *[노놔] 먹기도 한다. 사실 이들은 표준 발음의 측면에서 보면 모두 틀린 발음이 된다. 그런데 이들을 '틀렸다'라고 할 수 있는 근거는 사회적으로 표준이 되는 형태와 발음을 정해 두었기 때문이다. 사실 소통의 측면에서 보자면 그리 크게 잘못된 '틀린 것'은 아니다.

어쨌든 한국어 예비 교사로서 우리는 이제부터라도 잘못되었다고 생각되는 발음을 확인하고 바른 표현을 알아가는 연습이 필요하다. 적어도 '바르다'라고 믿고 있는 것, 믿어야 할 것이 무엇인지는 알고 교육에 임해야 하기 때문이다.

잘못된/잘못되었다고 판단할 수 있는 발음은 모음, 받침, 음의 변화 등 다양한 부분에서 일어난다. 옳은 발음이지만 하나가 아닌 여러 개가 상용되는 것도 있다. 예를 들어서 /의/는 [의]로 발음해야 하지만 상황에 따라서 [의], [에], [이]로 발음하게 된다. '강의(講義)의'는 [강ː의의]와 [강ː이의], [강ː이에]처럼 발음해도 된다. 이처럼 조건에 따라서 여러 개로 허용되는 경우도 있지만, 흰무리[힌무리], 희미하다[히미하다], 유희[유히]처럼 /ㅢ/를 [의]로 소리 내지 못하고 반드시 [이] 음가로만 발음해야 하는 경우도 있다.

⇒ '읽다'의 활용형 '읽어', '읽고', '읽지', '읽는'의 발음은 어떻게 하는 것이 맞을까? 이들은 각각 [일거], [일꼬], [익찌], [잉는]이 된다. 발음하고 보니 모두 다른 단어처럼 느껴진다. 원칙을 알면 쉽다.

한국어를 사용하는 우리들의 발음 차이는 고작 몇 프로도 안 될 것이다. 그러니 자신의 습관과 지식을 일단 믿고 자연스러운 발음을 찾는 것에 집중하자. 어려워 보이지만 사실 여기서부터 시작하면 되는 거다.

○ 모음의 발음	○ 받침의 발음	○ 음의 변화

'져, 쪄, 쳐' 등의 발음

'지어, 찌어, 치어'를 줄여 쓴 것이다. 이들은 각각 [저, 쩌, 처]로 발음한다.

지+어→져[저]	찌+어→쪄[쩌]	치+어→쳐[처]
다지+어→다져[다저]	살찌+어→살쪄[살쩌]	바치+어→바쳐[바처]
돋치+어→돋쳐[돋처]	굳히+어→굳쳐[구처]	잊히+어→잊혀[이처]

'계산, 통계' 등 'ㅖ'의 발음

본음대로 [ㅖ]로 발음하여야 한다. 그러나 [ㅔ]로 발음함도 허용한다.

계산[계:산~게:산]	통계[통:계~통:게]	폐단[폐:단~페:단]	밀폐[밀폐~밀페]
혜성[혜:성~헤:성]	은혜[은혜~은헤]		

'희다, 닁큼, 늴리리'의 발음

자음을 첫소리로 가지고 있는 음절의 'ㅢ'는 [ㅣ]로 발음한다.

무늬[무니]	씌어[씨어]	틔어[티어]	희떱다[히떱다]	희망[히망]	유희[유히]

겹받침 'ㄺ, ㄻ, ㄿ'은 어말 또는 자음 앞에서 각각 [ㄱ, ㅁ, ㅂ]으로 발음한다.

→ 힘들게 /ㄹ/을 소리 낼 이유가 없다.

| 닭[닥] | 흙과[흑꽈] | 맑대[막따] | 늙지[늑찌] | 삶[삼:] | 젊다[점:따] | 읊다[읍따] |

용언의 어간 말음 'ㄺ'은 'ㄱ' 앞에서 [ㄹ]로 발음한다.

→ /ㄱ/은 뒤에 오는 /ㄱ/과 결합하여 [ㄲ]으로 자연스럽게 발음되기 때문이다.

| 맑게[말께] | 묽고[물꼬] | 읽고[일꼬] | 얽거나[얼꺼나] |

'ㄷ'으로 발음되는 받침 'ㅅ, ㅈ, ㅊ, ㅌ'과 'ㅎ'이 결합하는 경우에는 [ㅌ]으로 발음한다.

⇒ [ㄷ]과 [ㅎ] 음은 결합하면 [ㅌ]가 된다. 이것이 거센소리되기 현상이다.

| 옷 한 벌[오탄벌] | 낮 한때[나탄때] | 꽃 한 송이[꼬탄송이] | 숱하다[수타다] |

⇒ 이에서도 음절의 끝소리 규칙이 먼저 적용되고 연음규칙이 적용되었다.

'ㅎ(ㄶ, ㅀ)' 뒤에 'ㅅ'이 결합되는 경우에는, 'ㅅ'을 [ㅆ]으로 발음한다.

| 닿소[다쏘] | 많소[만:쏘] | 싫소[실쏘] | 않소[안쏘] |

모든 받침은 뒤에 연결되는 것들에 따라서 자연스럽게 옮겨갈지, 음운변화를 할지가 결정된다. 겹받침이 모음으로 시작된 조사나 어미, 접미사와 결합

되는 경우에는, 뒤엣것만을 뒤 음절 첫소리로 옮겨 발음한다(이 경우, 'ㅅ'은 된소리로 발음함.). 이것이 연음규칙이다.

| 넋이[넉씨] | 앉아[안자] | 닭을[달글] | 젊어[절머] | 곬이[골씨] | 핥아[할타] | 읊어[을퍼] |

⇒ '닭을'과 '흙을' 같은 것은 비록 [달글], [흘글]이 옳은 발음이기는 하지만 *[다글]과 *[흐글]처럼 발음하는 것을 틀렸다고 말하기 힘들 정도가 되어버린 지 오래다. 이는 단음절어 단어인 경우 그 자체의 발음을 기억하는 것이 더 쉽다고 생각하기 때문인 것으로 보인다.

받침 뒤에 모음 'ㅏ, ㅓ, ㅗ, ㅜ, ㅟ'들로 시작되는 실질 형태소가 연결되는 경우에는, 대표음으로 바꾸어서 뒤 음절 첫소리로 옮겨 발음한다. 음절의 끝소리 규칙 적용 후 연음규칙이 적용된 것이다.

| 밭 아래[바다래] | 늪 앞[느밥] | 젖어미[저더미] | 맛없다[마덥따] | 헛웃음[허두슴] |
| 겉옷[거돋] | 꽃 위[꼬뒤] | 맛있다[마딛따/마싣따] | 멋있다[머딛따/머싣따] |

⇒ '맛있다'와 '멋있다'의 경우 원칙에 따르면 각각 [마딛따]와 [머딛따]가 옳지만 현실음을 인정해서 [마싣따]와 [머싣따]도 인정한 것이다.

겹받침의 경우에는, 그 중 하나만을 옮겨서 발음하는 원칙도 있다. 일단 외워 놓자.

| 넋 없다[너겁따] | 닭 앞에[다가페] | 값어치[가버치] | 값있는[가빈는] |

⇒ 이에서도 음절의 끝소리 규칙이 먼저 적용되고 연음규칙이 적용된 것이다.

'넋 없다'의 경우 바로 연음 규칙을 적용시키면 *[넉섭따]가 될 것이다.[3] 그런데 실질형태소 즉 의미를 가진 단위들끼리 연쇄되어 발음되는 경우에는

---

3) *[넉섭따]는 다시 된소리되기 현상을 거쳐 *[넉썹따]로 발음될 것이다.

음절의 끝소리규칙이 먼저 적용된다. 따라서 '[넉]'과 '[업따]'가 결합되어야
한다.

한글 자모의 이름은 그 받침소리를 연음하되, 'ㄷ, ㅈ, ㅊ, ㅋ, ㅌ, ㅍ, ㅎ'
의 경우에는 특별히 다음과 같이 발음한다. 이건 자연스러운 발음법칙에 따
르지 않는다.

디귿이 [디그시]	디귿을 [디그슬]	디귿에 [디그세]	지읒이 [지으시]	지읒을 [지으슬]	지읒에 [지으세]
치읓이 [치으시]	치읓을 [치으슬]	치읓에 [치으세]	키읔이 [키으기]	키읔을 [키으글]	키읔에 [키으게]
티읕이 [티으시]	티읕을 [티으슬]	티읕에 [티으세]	피읖이 [피으비]	피읖을 [피으블]	피읖에 [피으베]
히읗이 [히으시]	히읗을 [히으슬]	히읗에 [히으세]			

○ 모음의 발음   ○ 받침의 발음   ○ 음의 변화

받침 'ㄷ, ㅌ(ㄾ)'이 조사나 접미사의 모음 'ㅣ'와 결합되는 경우에는, [ㅈ,
ㅊ]으로 바꾸어서 뒤 음절 첫소리로 옮겨 발음한다. 'ㄷ' 뒤에 접미사 '히'가
결합되어 '티'가 된 것은 [치]로 발음한다.

굳이 [구지]	미닫이 [미:다지]	밭이 [바치]	굳히다 [구치다]	닫히다 [다치다]	묻히다 [무치다]

⇒ '숱을'이나 '끝을'을 발음할 때에는 구개음화가 적용되지 않는다. 그러니
*[수츨]'처럼 발음하거나 *[끄츨]'처럼 소리내면 안 된다. '이 밤의 *[끄츨] 잡
을 수는 없나'는 말이다.

받침 'ㄱ(ㄲ, ㅋ, ㄳ, ㄺ), ㄷ(ㅅ, ㅆ, ㅈ, ㅊ, ㅌ, ㅎ), ㅂ(ㅍ, ㄼ, ㄿ, ㅄ)'은

'ㄴ, ㅁ' 앞에서 [ㅇ, ㄴ, ㅁ]으로 발음한다. 두 단어를 이어서 한 마디로 발음하는 경우에도 이와 같다.

먹는[멍는]	키읔만[키응만]	몫몫이[몽목씨]	닫는[단는]	짓는[진ː는]
옷맵시[온맵씨]	쫓는[쫀는]	꽃망울[꼰망울]	밥물[밤물]	밟는[밤ː는]

책 넣는다 [챙넌는다]	흙 말리다 [흥말리다]	옷 맞추다 [온맏추다]	값 매기다 [감매기다]

받침 'ㅁ, ㅇ' 뒤에 연결되는 'ㄹ'은 [ㄴ]으로 발음한다. 받침 'ㄱ, ㅂ' 뒤에 연결되는 'ㄹ'도 [ㄴ]으로 발음한다.

담력[담ː녁]	침략[침냑]	강릉[강능]	항로[항ː노]	막론 [막논→망논]	협력 [협녁→혐녁]

'ㄴ'은 'ㄹ'의 앞이나 뒤에서 [ㄹ]로 발음한다. 첫소리 'ㄴ'이 'ㅀ', 'ㄾ' 뒤에 연결되는 경우에도 이에 준한다. 첫소리 'ㄴ'이 'ㅀ', 'ㄾ' 뒤에 연결되는 경우에도 이에 준한다.

난로[날ː로]	신라[실라]	대관령 [대ː괄령]	칼날[칼랄]	물난리 [물랄리]	할는지 [할른지]
닳는[달른]	뚫는[뚤른]	핥네[할레]			

다음과 같은 단어들은 'ㄹ'을 [ㄴ]으로 발음한다.

의견란 [의ː견난]	생산량 [생산냥]	결단력 [결딴녁]	공권력 [공꿘녁]	상견례 [상견녜]	횡단로 [횡단노]

되어[되어/되여], 피어[피어/피여]와 같은 용언의 어미는 [어]로 발음함을 원칙으로 하되, [여]로 발음함도 허용한다. '이오, 아니오'도 이에 준하여 [이요, 아니요]로 발음함을 허용한다.

| 되어[되어/되여] | 피어[피어/피여] | -이오[이오/이요] | 아니오[아니오/아니요] |

어간 받침 'ㄼ, ㄾ' 뒤에 결합되는 어미의 첫소리 'ㄱ, ㄷ, ㅅ, ㅈ'은 된소리로 발음한다.

| 넓게[널께] | 핥대[할따] | 훑소[훌쏘] | 떫지[떨ː찌] |

한자어에서, 'ㄹ' 받침 뒤에 연결되는 'ㄷ, ㅅ, ㅈ'은 된소리로 발음한다.

| 갈등[갈뜽] | 발동[발똥] | 절도[절또] | 말살[말쌀] | 불소[불쏘](弗素) |
| 일시[일씨] | 갈증[갈쯩] | 물질[물찔] | 발전[발쩐] | 몰상식[몰쌍식] |

관형사형 '-(으)ㄹ' 뒤에 연결되는 'ㄱ, ㄷ, ㅂ, ㅅ, ㅈ'은 된소리로 발음한다. 단, 이 경우에도 끊어서 말할 적에는 예사소리로 발음한다. '-(으)ㄹ'로 시작되는 어미의 경우에도 이에 준한다.

할 것을 [할꺼슬]	갈 데가 [갈떼가]	할 바를 [할빠를]	할 수는 [할쑤는]	할 적에 [할쩌게]
할걸[할껄]	할밖에[할빠께]	할세라[할쎄라]	할수록[할쑤록]	할지라도 [할찌라도]

표기상으로는 사이시옷이 없더라도, 관형격 기능을 지니는 사이시옷이 있어야 할(휴지가 성립되는) 합성어의 경우에는, 뒤 단어의 첫소리 'ㄱ, ㄷ, ㅂ, ㅅ, ㅈ'을 된소리로 발음한다.

문-고리 [문꼬리]	눈-동자 [눈똥자]	신-바람 [신빠람]	산-새[산쌔]	손-재주 [손째주]
길-개[길까]	물-동이 [물똥이]	발-바닥 [발빠닥]	굴-속[굴ː쏙]	술-잔[술짠]
바람-결 [바람껼]	그믐-달 [그믐딸]	아침-밥 [아침빱]	잠-자리 [잠짜리]	강-개[강까]
초승-달 [초승딸]	등-불[등뿔]	창-살[창쌀]	강-줄기 [강쭐기]	

⇒ 외국인 학습자들은 지식은 갖추었으되 연습이 충분치 않아서 문자 그대로 발음하려는 경향이 강하다. 특히 중고급으로 갈수록 이러한 현상은 점점 심해진다. 그러니 항상 짚어주는 습관이 필요하다. 고치려 해야 고칠 수 있기 때문이다.

☞ 조용히 소리를 떠올리며 읽어본다.

바른 것은 무조건 넘겨 두고 이상하게 발음해도 괜찮은 것들에 집중한다.

알고 있는 규칙을 죄다 적용해 본다.

이때, 무엇보다 규칙의 적용 순서가 중요하다.

1 표준 발음이 아닌 것으로만 짝지어진 것은?

① 끝을[끄츨], 피읖에[피으페], 닭 앞에[달가페]

② 헛웃음[허두슴], 휘발유[휘발뉴], 밭 아래[바다래]

③ 넓다[넙따], 넓죽하다[넙쭈카다], 넓둥글다[넙뚱글다]

④ 결단력[결딴녁], 상견례[상견네], 서울역[서울녁]

제시 표현	규칙의 적용	이해

제시 표현	규칙의 적용	이해
끝을[끄틀], 피읖에[피으페], 닭 앞에[달가페]	연음 규칙 연음 규칙+예외 규칙 연음 규칙	/끝+을/ → [끄틀]로 변한다. ⇒ *[끄츨]로 발음할 이유가 없다. ⇒ /ㅌ/이 [ㅊ]으로 발음되는 것은 구개음화 현상 인데, 이는 어떤 조건하에 /ㅣ/ 모음과 결합할 때 일어난다. /피읖+에/ → *[피으페] → [피으베] ⇒ 표준어 규정 제16 항을 참조하라. /닭/+/앞에/ → [닥]+[아페] → [다가페] ⇒ 의미를 가진 단어들의 연쇄는 음절의 끝소리 규칙이 먼저 적용된 후 연음 규칙이 적용된다. ⇒ /닭이/ → [달기], /닭을/ → [달글]
헛웃음[허두슴], 휘발유[휘발뉴], 밭 아래[바다래]	음절의 끝소리 규칙 연음 규칙 [ㄴ] 첨가 현상 자음동화	/헛+웃음/ → [허두슴] 끝소리 규칙 적용 후 연음 규칙이 적용된다 /휘발+유/ → [휘발뉴] [ㄴ] 첨가 현상 발생 → [휘발류] ⇒ 앞말에 받침이 초성 '이, 야, 여, 요, 유'로 시작 하는 뒷말과 결합할 때 [ㄴ] 첨가 현상이 발생한다. ⇒ 이후 자음동화에 의해서 [ㄹㄴ] → [ㄹㄹ]로 바뀐다. /밭+아래/ → [바다래] 끝소리 규칙 적용 후 연음 규칙이 적용된다.
넓다[넙따], 넓죽하다[넙쭈카다], 넓둥글다[넙뚱글다]	음절의 끝소리 규칙 된소리되기	/넓다/ → [널따]로 발음함. /넓죽하다/ → [넙쭈카다], /넓둥글다/ → [넙뚱글다] • 'ㄼ'받침 발음의 예외 현상이다.
결단력[결딴녁], 상견례[상견녜], 서울역[서울녁]	동화 [ㄴ] 첨가 현상 동화	/결단+력/ → [결딴녁], /상견+례/ → [상견녜] • 2음절 한자어 + 1음절 한자어 • 동화: /ㄹ/이 [ㄴ]으로 발음된다. /서울+역/ → [서울녁] → [서울력] • 앞말에 받침이 초성 '이, 야, 여, 요, 유'로 시작하 는 뒷말과 결합할 때 [ㄴ] 첨가 현상이 발생한다. • 이후 유음화에 의해서 [ㄹㄴ] → [ㄹㄹ]로 바뀜.

2 밑줄 친 단어의 발음이 옳지 않은 것은?

① 집 안은 따뜻하니 겉옷[거돋]은 벗으려무나.
② 요즘 사람들은 예전보다 참 늙지[늑찌] 않는다.
③ 그 액체는 묽고[물꼬] 짙은 정도에 따라 농도를 따진다.
④ 나야 그 사람이 그렇게 하라니 그렇게 할밖에[할바께].

제시 표현	규칙의 적용	이해

여기에 나오는 규칙은 사실 한 번에 쉽게 이해하기 어려운 것들이다.

규칙을 외우는 것보다 동일한 규칙의 결과물들을 묶어서 이해하는 것이 좋다.

그렇게 하면 발음한 후 발생하는 현상에 대한 '감(感)'을 키울 수 있게 된다.

사실 표준 발음 능력의 70%는 감이 좌우한다.

제시 표현	규칙의 적용	이해
겉옷[거돋]	겉옷[거돋] ○	받침 뒤에 모음으로 시작되는 실질 형태소가 연결되는 경우에는 대표음으로 바꿔서 뒤 음절의 첫소리로 옮겨 발음한다. ⇒ 연음 규칙이 먼저 적용되면 [거톳 → 거톧]이 될 것이다. 이때 받침의 ㅅ이 ㄷ으로 바뀐 것은 음절의 끝소리 규칙이 적용된 것이다. ⇒ '겉'과 '옷'의 결합이니 연음 규칙이 적용되기 전에 우선 음절의 끝소리 규칙이 먼저 적용되어야 한다. ⇒ 따라서 [겉]과 [옫]이 결합하게 된다. [겉+옫]이 결합할 때 연음 규칙이 적용되어 [거돋]이 되는 것이다. ⇒ 이처럼 발음된 이후의 형태는 규칙의 적용 순서에 따라서 결정된다.
늙지[늑찌]	늙지[늑찌] ○	겹받침 /ㄺ/의 대표음은 [ㄱ]이다. 단 '읽기, 늙기'처럼 겹받침 /ㄺ/이 /ㄱ/과 결합할 때는 [ㄹ]로 발음한다. 그런데 늙지의 경우 대표음 [ㄱ]이 다시 뒤의 음절 초성에 있는 [ㅈ]과 만나서 된소리로 변하였다. 그래서 [늑찌]가 된다. ⇒ '읽다'의 발음도 [익따]가 맞다. 흔히들 *[일따]로 잘못 발음한다.
묽고[물꼬]	묽고[물꼬] ○	겹받침 /ㄺ/의 대표음은 [ㄱ]이다. 이 역시 '묽게, 읽게, 밝게'처럼 겹받침 /ㄺ/이 /ㄱ/과 결합할 때는 [ㄹ]로 발음한다.
할밖에[할바께]	할밖에[할바께] × → [할빠께] ○	/-(으)ㄹ/로 시작되는 어미 뒤에 연결되는 /ㄱ, ㄷ, ㅂ, ㅅ, ㅈ/은 된소리로 발음한다. ⇒ 이게 규칙을 만들어 놓아서 그렇게 발음하는 게 아니라 발음하는 걸 보고 규칙으로 정리해 놓은 것이니까 어려워하지 말자. 소리 내어 보면 '할게, 할 데가, 할 수, 할 줄' 모두 된소리 [할께, 할떼가, 할쑤, 할쭐]로 소리 난다.

☞ **표준발음법에 관한 연구물을 찾아보고**
한국어교육에서 표준발음법 지식이 왜 중요한지를
간단하게 정리해 보시오.

이 영역은 국어학 특히 음운 변동/ 음운 현상 등의 영역과 필연적으로 연결될 수밖에 없다. 따라서 논문을 검색할 때에는 일단 다음 단어들을 핵심어로 하여 찾아보는 것이 좋다.

> 음운 변동, 음운 현상, 발음 첨가, 탈락, 이화, 동화, 연음 규칙,
> 음절의 끝소리 규칙, 된소리되기(경음화), 거센소리되기(격음화)
> 표준 발음, 표준 어법, 음절 등등

이 역시 결과 내 재검색을 통해서 원하는 규범 또는 규정으로 연산 검색하면 표준 발음 관련 연구물을 손쉽고 정확하게 찾을 수 있다.

이 영역에서는 실제 사용되는 현상이 중요하므로 실례를 많이 접하는 것이 중요하다. 원칙을 이해하려 논리적은 흐름을 좇다보면 답답하게 막혀서 좌절하기 쉬운 영역이기 때문이다.

자신의 발음을 일단 믿자. 그 이후 문제가 되는 부분을 찾아서 왜 그런 것인지 이해해 나가는 방식으로 논문을 읽어가는 것이 좋다.

강의 게시판에 올리고 다른 동학들의 생각은 어떠한지 비교해 보자.

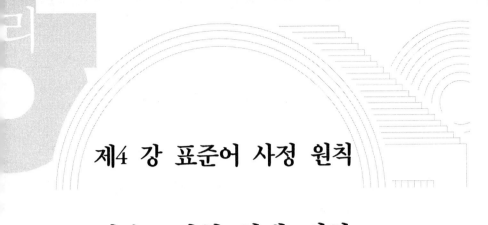

제4 강 표준어 사정 원칙

발음 · 어휘 선택 변화

제4 강 표준어 사정 원칙: 발음 · 어휘 선택 변화

✎ 국어 규범에서 표준어란 무엇을 뜻하는지 정리해 보자.

✎ 다양하게 변화되는 발음 중에서 표준어의 형태로 삼은 것들의 기준은 과연 무엇일지 고민해 보자.

✎ 주변에서 자주 틀리게 쓰는 표현으로 어떤 것이 있는지 간단하게 정리해 보자.

✎ 이 영역에서 우리는 표준어로 선정되는 어휘의 기준이 무엇인지 알아볼 것이다.

✎ 말과 글은 뗄 수 없다. 말이 곧 글에 영향을 주고 글을 통해서 얻어진 지식은 다시 말에 영향을 주게 된다. 문자의 정확한 음 변화를 선정하여 표기의 원칙으로 삼는 일은 그래서 중요하다.

✎ 표준어란 현대의 어느 시점에서 말과 글의 쓰임과 원칙에 맞게 합의된 결과물이라고 할 수 있다.

✎ 올바른 발음과 어휘에 대한 지식은 쌓아두면 약이 된다. 물론 잘 몰라도 사회생활하는 데에 큰 지장은 없다.

✎ 하지만 한국어 교원으로 살아가기에는 적지 않은 지장이 있을 것이 자명하다. 우리의 올바른 '말살이', '글살이'는 '국격(국가의 품격(品格))'을 높여 줄 수 있다.

다음 질문에 대해서 생각해 보자.

● 어법상 바르지 못하게 표기된 것들은 어떤 문제를 일으킬 수 있는가?

> / 주변에 흔하게 널려 있는 텍스트에서 올바르지 못한 표기, 어법상 잘못 사
> 용된 것을 찾아보자.
> / 이들은 맞춤법이 틀렸을 수도, 발음이 틀렸을 수도 있다.
> / 표기된 하나가 여러 개로 소리 나는 경우 그 대표형을 정하는 것은 쉽지
> 않은 일이다.
> / 우리는 표준어를 외우는 차원을 넘어서서 이의 원리를 해석 · 적용할 수 있
> 는 능력을 길러야 한다.

표준어 규정

제1장 총칙

　제1항 표준어는 교양 있는 사람들이 두루 쓰는 현대 서울말로 정함을 원칙으로
　　한다.
　제2항 외래어는 따로 사정한다.

제2장 발음 변화에 따른 규정

제1절 자음

　제3항 다음 단어들은 거센소리를 가진 형태를 표준어로 삼는다.(ㄱ을 표준어로
　　삼고, ㄴ을 버림.)
　제4항 다음 단어들은 거센소리로 나지 않는 형태를 표준어로 삼는다.
　제5항 어원에서 멀어진 형태로 굳어져서 널리 쓰이는 것은, 그것을 표준어로 삼
　　는다.
　제6항 다음 단어들은 의미를 구별함이 없이, 한 가지 형태만을 표준어로 삼는다.
　제7항 수컷을 이르는 접두사는 '수-'로 통일한다.

제2절 모음

제8항 양성 모음이 음성 모음으로 바뀌어 굳어진 다음 단어는 음성 모음 형태를 표준어로 삼는다.

제9항 'ㅣ' 역행 동화 현상에 의한 발음은 원칙적으로 표준 발음으로 인정하지 아니하되, 다만 다음 단어들은 그러한 동화가 적용된 형태를 표준어로 삼는다.(ㄱ을 표준어로 삼고, ㄴ을 버림.)

제10항 다음 단어는 모음이 단순화한 형태를 표준어로 삼는다.

제11항 다음 단어에서는 모음의 발음 변화를 인정하여, 발음이 바뀌어 굳어진 형태를 표준어로 삼는다.(ㄱ을 표준어로 삼고, ㄴ을 버림.)

제12항 '웃' 및 '윗'은 명사 '위'에 맞추어 '윗-'으로 통일한다.

제13항 한자 '구(句)'가 붙어서 이루어진 단어는 '귀'로 읽는 것을 인정하지 아니하고, '구'로 통일한다.(ㄱ을 표준어로 삼고, ㄴ을 버림.)

제3절 준말

제14항 준말이 널리 쓰이고 본말이 잘 쓰이지 않는 경우에는, 준말만을 표준어로 삼는다.(ㄱ을 표준어로 삼고, ㄴ을 버림.)

제15항 준말이 쓰이고 있더라도, 본말이 널리 쓰이고 있으면 본말을 표준어로 삼는다.(ㄱ을 표준어로 삼고, ㄴ을 버림.)

제16항 준말과 본말이 다 같이 널리 쓰이면서 준말의 효용이 뚜렷이 인정되는 것은, 두 가지를 다 표준어로 삼는다.(ㄱ은 본말이며, ㄴ은 준말임.)

제4절 단수 표준어

제17항 비슷한 발음의 몇 형태가 쓰일 경우, 그 의미에 아무런 차이가 없고, 그 중 하나가 더 널리 쓰이면, 그 한 형태만을 표준어로 삼는다.(ㄱ을 표준어로 삼고, ㄴ을 버림.)

제5절 복수 표준어

제18항 다음 단어는 ㄱ을 원칙으로 하고, ㄴ도 허용한다.

제19항 어감의 차이를 나타내는 단어 또는 발음이 비슷한 단어들이 다 같이 널리 쓰이는 경우에는, 그 모두를 표준어로 삼는다.(ㄱ, ㄴ을 모두 표준어로 삼음.)

제3장 어휘 선택 변화에 따른 규정

제1절 고어
제20항 사어(死語)가 되어 쓰이지 않게 된 단어는 고어로 처리하고, 현재 널리
사용되는 단어를 표준어로 삼는다.(ㄱ을 표준어로 삼고, ㄴ을 버림.)

제2절 한자어
제21항 고유어 계열의 단어가 널리 쓰이고 그에 대응되는 한자어 계열의 단어가
용도를 잃게 된 것은, 고유어 계열의 단어만을 표준어로 삼는다.(ㄱ을 표
준어로 삼고, ㄴ을 버림.)

제22항 고유어 계열의 단어가 생명력을 잃고 그에 대응되는 한자어 계열의 단어
가 널리 쓰이면, 한자어 계열의 단어를 표준어로 삼는다.(ㄱ을 표준어로
삼고, ㄴ을 버림.)

제3절 방언
제23항 방언이던 단어가 표준어보다 더 널리 쓰이게 된 것은, 그것을 표준어로
삼는다. 이 경우, 원래의 표준어는 그대로 표준어로 남겨 두는 것을 원칙
으로 한다.(ㄱ을 표준어로 삼고, ㄴ도 표준어로 남겨 둠.)

제24항 방언이던 단어가 널리 쓰이게 됨에 따라 표준어이던 단어가 안 쓰이게
된 것은, 방언이던 단어를 표준어로 삼는다.(ㄱ을 표준어로 삼고, ㄴ을
버림.)

제4절 단수 표준어
제25항 의미가 똑같은 형태가 몇 가지 있을 경우, 그 중3) 어느 하나가 압도적으
로 널리 쓰이면, 그 단어만을 표준어로 삼는다.(ㄱ을 표준어로 삼고, ㄴ
을 버림.)

제5절 복수 표준어
제26항 한 가지 의미를 나타내는 형태 몇 가지가 널리 쓰이며 표준어 규정에 맞
으면, 그 모두를 표준어로 삼는다.

⇒ "표준어는 교양 있는 사람들이 두루 쓰는 현대 서울말로 정함을 원칙으로 한다."

이 말은 정말 모호함으로 가득한 표현이다. 여러분이 표준어라는 것에 대한 정의를 새롭게 한다면 어떻게 하겠는가? 지금의 원칙은 '교양 있음'의 정도도 모호하고 '두루 쓰는' 것에 대한 범위도 모호하다. 게다가 현대라는 시점도 그렇고 무엇을 서울말로 제한할 수 있을지도 의심스럽다.

앞으로 우리가 알아야 할 핵심 개념은 이것이다.

발음 변화	어휘 선택 변화

동틀 녘 새벽의 끄나불처럼 삵괭이 한 마리가 부억으로 들어가 모두 떨어먹었다. 설겆이를 하는 내 마음이 애닲다. 텃밭 푸른콩이 화사하게 익어가는 계절 어느새 귓머리만 하얘졌다.

언어 변화란 시간을 두고 천천히 이루어지는 것이어서 어느 한순간 '이것이 옳다'라고 정리하기는 어렵다. 그래도 정리해야만 하는데 이때 이상한 것으로 분류된 것들을 사용하는 사람들의 저항은 당연하면서도 만만치 않다.
우리가 알고 있는 규정은 1988년에 고친 것을 바탕으로 부분 개정되어 온 것이다. 그래서 사실 지금 시대에는 잘 쓰지 않는 용례, 이미 굳어져서 문제가 되지 않는 것들이 허다하다. 그러니 영악하게 정리하고 가면 된다. 요즘에도 헷갈릴 만한 것만 알아 두어도 충분하다. 이 글에서 틀린 것들을 한번 찾아보자.

동틀 녘	끄나불	삵괭이	부억	떨어먹었다	설겆이	애닲다	푸른콩	귓머리
동틀 녘	끄나풀	살쾡이	부엌	털어먹었다	설거지	애달프다	청대콩	귀밑머리

전개 학습 다음 질문에 대답해 보자.

1 다음 중 표준어로만 묶인 것은?

① 꼭둑각시, 우렁쉥이, 자두, 멋쟁이
② 꼭두각시, 우렁쉥이, 우얏, 멋쟁이
③ 애벌레, 주책없다, 매만지다, 부스러기
④ 어린벌레, 주책이다, 매만지다, 부스러기

여기에서 정답은 ③ 번이 된다.

표준어 사정 당시에는 널리 쓰이던 여러 개의 단어들 중 압도적으로 쓰이는 하나를 표준어로 삼은 것이다. 이건 뾰족한 수가 없다. 다행히 몇 개 안 되니 외워도 충분하기는 하다.

간단 정리

틀린 표현	맞는 표현	이해
꼭둑각시	꼭두각시	비슷한 발음의 몇 형태가 쓰일 경우, 그 의미에 아무런 차이가 없고, 그 중 하나가 더 널리 쓰이면, 그 한 형태만을 표준어로 삼는다.
*없음.	우렁쉥이 멍게	이 두 단어 모두 표준어이다. 방언이던 단어가 표준어보다 더 널리 쓰이게 된 것은, 그것을 표준어로 삼는다. 그런데 이 경우에는 원래의 표준어 역시 그대로 표준어로 남겨 두는 것을 원칙으로 한다.
오얏	자두	사어(死語)가 되어 쓰이지 않게 된 단어는 고어로 처리하고, 현재 널리 사용되는 단어를 표준어로 삼는다.
어린벌레	애벌레	의미가 똑같은 형태가 몇 가지 있을 경우, 그 중 어느 하나가 압도적으로 널리 쓰이면, 그 단어만을 표준어로 삼는다. '주책이다'는 2016년에 표준어로 추가되었다. 그런데 '주책없다'는 사전에 등재된 반면, '주책이다'는 사전에 등재되지 않았다.
~~주책어다~~	주책없다 주책이다	
우미다	매만지다	
부스럭지	부스러기	

멋쟁이는 접사 '-쟁이'와 '-장이'를 구분하는지를 물어본 것이다. '-쟁이'는 '그것이 나타내는 속성을 많이 가진 사람'의 뜻을 더하는 접미사이다. 〈겁쟁이/고집쟁이/떼쟁이/멋쟁이/무식쟁이〉처럼 쓴다. '-장이'는 '그것과 관련된 기술을 가진 사람'의 뜻을 더하는 접미사이다. 〈간판장이/땜장이/양복장이/옹기장이/칠장이〉처럼 쓴다.

발음 변화	어휘 선택 변화

표준어 규정 제2장은 발음 변화에 따른 표준어를 제시하고 있다. 간단히 이해하고 가자.

- 동틀 **녘** 새벽의 **끄**나풀처럼 **살쾡이** 한 마리가 **부엌**으로 들어가 모두 **털어먹었다.**
- **강낭콩** 밥에 갈비찜과 굴젓을 먹는 것을 좋아한다. **사글세** 산다고 **적이** 당황할 필요는 없다.
- 우리 **둘째** 아이, **셋째** 아이에 이어서 **넷째** 아이의 돌에도 찾아주신 여러분께 이 자리를 **빌려** 감사의 인사를 드립니다. **열두째, 스물두째**까지는 힘들겠죠?
- 수컷들 중에서 **숫양, 숫염소, 숫쥐**에만 '숫'이 붙는 것은 이상하기는 하다.
- **보퉁이**를 들고 집에 들어서니 우리 집 강아지 흰둥이가 **뻗정다리**로 **깡충깡충** 뛰면서 반긴다. 넘어지고 뒹굴면서도 **오뚝이**처럼 일어난다. 다칠까 봐 "**아서라!**" 하면서도 반겨 주는 마음이 고맙다.
- **삼촌**(三寸)께서는 **사돈**(査頓) 댁 **부조**(扶助)금으로 꽤 많은 돈을 준비하셨다.

'웃-' 및 '윗-'은 명사 '위'에 맞추어 '윗-'으로 통일한다. '윗니, 윗도리, 윗머리, 윗목, 윗배, 윗입술, 윗잇몸'처럼 쓴다. 그런데 된소리나 거센소리 앞에서는 '위-'로 한다. 덧나는 소리를 'ㅅ'으로 보상해 줄 필요가 없기 때문이다. '위짝, 위쪽, 위채, 위층, 위치마, 위턱, 위팔'처럼 써야 한다. 여기에 더하여! '아래, 위'의 대립이 없는 단어는 '웃-'으로 발음되는 형태를 표준어로 삼는다. 이것까지만 외워 놓자. '웃국, 웃기, 웃돈, 웃비, 웃어른, 웃옷'

준말이 널리 쓰이고 본말이 잘 쓰이지 않는 경우에는, 준말만을 표준어로 삼는다. '똬리-*또아리, 무-*무우, 뱀-*배암, 생쥐-*새앙쥐, 솔개-*소리개,

온갖-*온가지, 장사치-*장사아치'. 이것들은 잘 틀리는 것들이다. 준말이 쓰이고 있더라도, 본말이 널리 쓰이고 있으면 본말을 표준어로 삼는다. '부스럼-*부럼(정월 보름에 쓰는 '부럼'은 표준어다.), 살얼음판-*살판'. 이것만 알아놓자. 준말과 본말이 다 같이 널리 쓰이면서 준말의 효용이 뚜렷이 인정되는 것은, 두 가지를 다 표준어로 삼는다. '노을/놀, 막대기/막대, 망태기/망태, 시누이/시뉘/시누, 오누이/오뉘/오누, 외우다/외다, 이기죽거리다/이죽거리다, 찌꺼기/찌끼, 머무르다/머물다, 서두르다/서둘다, 서투르다/서툴다' 등이 이에 해당한다.

단수표준어와 복수표준어

맞다	틀리다	맞다	틀리다
까딱-하면	까땍-하면	꼭두-각시	꼭둑-각시
냠냠-거리다	얌냠-거리다	냠냠-이	얌냠-이
너[四]	네	댑-싸리	대-싸리
넉[四]	너/네	-던	-든
서[三]	세/석	-올시다	-올습니다
석[三]	세	-(으)려고	-(으)ㄹ려고/-(으)ㄹ라고
우두커니	우두머니	-(으)려야	-(으)ㄹ려야/-(으)ㄹ래야
잠-투정	잠-주정	짓-무르다	짓-물다
멸치	며루치/메리치	본새	뽄새
쭉	짝/편	뺨-따귀	뺌-따귀/뺨-따구니
상-판대기	쌍-판대기		

모두 맞다
네/예, 쇠-/소-, 괴다/고이다, 꾀다/꼬이다, 쐬다/쏘이다, 죄다/조이다, 쬐다 쪼이다
거슴츠레하다/게슴츠레하다, 고까/꼬까, 나부랭이 너부렁이
고린내/코린내, 구린내/쿠린내, 교기(驕氣)/갸기, 꺼림하다/께름하다

틀린 표현과 맞는 표현을 비교해서 이해할 필요도 없다. 우리는 그냥 맞는 표현만 알고 가는 것이 낫다. 어차피 헷갈리는 몇 개를 제외하고는 상식적으로 이제 보편화된 단어들이다. 항상 강조하지만 규정은 약속이다. 약속은 비록 원리를 가지고 있기는 하지만 수의적이다. 변할 수도 있고 내 생각과 같지 않은 것도 많다. 그러니 학습자인 교사의 입장에서는 쉽기도 하고 어렵기도 한 것이다. 외우면 그만이지만 원리를 이해하기란 쉽지 않고 또, 외울 것도 적지 않기 때문이다.

발음 변화	어휘 선택 변화

더 이상 쓰이지 않는 것, 용도를 잃은 한자나 고유어, 방언의 지위 상승 및 압도적인 사용 양상들을 반영하여 취하거나 버린다. 꼭 알아야 할 것들만 확인하고 가자.

맞다	틀리다	맞다	틀리다	맞다	틀리다
설거지하다	설겆다	애달프다	애닯다	오동나무	머귀나무
자두	오얏	가루약	말약	늙다리	노닥다리
마른빨래	건빨래	박달나무	배달 나무	밥소라	식소라
사래논	사래답	성냥	화곽	솟을무늬	솟을문(~紋)
외지다	벽지다	사래밭	사래전	죽데기	피죽
흰말/백마	백말	개다리소반	개다리밥상	겸상	맞상
고봉밥	높은밥	흰죽	백죽	단벌	홑벌
방고래	구들고래	부항단지	뜸단지	윤달	군달
총각무	알무/ 알타리무	칫솔	잇솔	귀밑머리	귓머리
빈대떡	빈자떡	생인손	생안손	역겹다	역스럽다

맞다	틀리다	맞다	틀리다	맞다	틀리다
코주부	코보	고구마	참감자	게끔	게시리
까치발	까치다리	뒤통수치다	뒤꼭지치다	국물	멀국/말국
매만지다	우미다	며느리발톱	뒷발톱	목메다	목맺히다
등나무	등칡	바람꼭지	바람고다리	반나절	나절가웃
부스러기	부스럭지	밀짚모자	보릿짚모자	부지깽이	부지팽이
부항단지	부항항아리	붉으락푸르락	푸르락붉으락	부각	다시마자반
살풀이	살막이	새앙손이	생강손이	샛별	새벽별
빙충이	빙충맞이	섭섭하다	애운하다	쌍동밤	쪽밤
술고래	술보	선머슴	풋머슴	신기롭다	신기스럽다
안쓰럽다	안슬프다	쏜살같이	쏜살로	식은땀	찬땀
안다미씌우다	안다미시키다	앞지르다	따라먹다	안절부절못하다	안절부절하다
아주	영판	암내	곁땀내	주책없다	주책이다
애벌레	어린벌레	알사탕	구슬사탕	열심히	열심으로
찹쌀	이찹쌀	쥐락펴락	펴락쥐락	얕은꾀	물탄꾀
짓고땡	지어땡/짓고땡이	칡범	갈범	청대콩	푸른콩
−지만	−지만서도	길잡이/길라잡이	길앞잡이	손목시계	팔목시계/팔뚝시계
까다롭다	까닭스럽다 까탈스럽다	담배꽁초	담배꼬투리/담배꽁치/담배꽁추		

방언이던 단어가 표준어보다 더 널리 쓰이게 되면 그것도 표준어로 삼는다. 또한 몇 가지가 널리 쓰이며 표준어 규정에 맞으면, 그 모두를 표준어로 삼는다.

멍게/우렁쉥이	물방개/선두리	애순/어린순	가는허리/잔허리	가락엿/가래엿
가뭄/가물	가엾다/가엽다	가엾어/가여워	가엾은/가여운	감감무소식/ 감감소식
개수통/설거지통	개숫물/설거지물	갱엿/검은엿	고깃간/푸줏간	곰곰/곰곰이
꼬까/때때/고까	꼬리별/살별	나귀/당나귀	거리다/대다	교정보다/준보다
관계없다/ 상관없다	내리글씨/ 세로글씨	돼지감자/뚱딴지	게을러빠지다/ 게을러터지다	넝쿨/덩굴
다달이/매달	다마다/고말고	댓돌/툇돌	되우/된통/ 되게	눈대중/눈어림 /눈짐작
녘/쪽	뒷말/뒷소리	딴전/딴청	땅콩/호콩	땔감/땔거리
느리광이/ 느림보/늘보	뜨리다/트리다	마룻줄/용총줄	마파람/앞바람	말동무/말벗
목화씨/면화씨	들락거리다/ 들랑거리다	만큼/만치	면치레/외면치레	모내다/모심다
모쪼록/아무쪼록	바른/오른[右]	들락날락/ 들랑날랑	밑층/아래층	무심결/무심중
민둥산/ 벌거숭이산	바깥벽/밭벽	상두꾼/상여꾼	발모가지/ 발목쟁이	벌레/버러지
변덕스럽다/ 변덕맞다	보조개/볼우물	버들강아지/버 들개지	성글다/성기다	볼따구니/볼퉁 이/볼때기
불사르다/ 사르다	뾰두라지/ 뾰루지	살쾡이/삵	삽살개/삽사리	(으)세요/ (으)셔요
부침개질/부침 질/지짐질	상씨름/소걸이	생/새앙/생강	생철/양철	서럽다/섧다
시늉말/흉내말	신/신발	송이/송이버섯	수수깡/수숫대	술안주/안주
스레하다/ 스름하다	심술꾸러기/ 심술쟁이	쏩쓰레하다/ 쏩쓰름하다	아래위/위아래	아귀세다/ 아귀차다
앉음새/ 앉음앉음	어기여차/ 어여차	어림잡다/ 어림치다	어이없다/ 어처구니없다	알은척/알은체
애갈이/애벌갈이	애꾸눈이/ 외눈박이	여왕벌/장수벌	여쭈다/여쭙다	엿기름/엿길금

어저께/어제	언덕바지/언덕배기	얼렁뚱땅/엄병떵	연달다/잇달다	엿가락/엿가래
우레/천둥	여태/입때	여태껏/이제껏/입때껏	역성들다/역성하다	외손잡이/한손잡이
욕심꾸러기/욕심쟁이	일찌감치/일찌거니	우지/울보	옥수수/강냉이	외겹실/외올실/홑실
이에요/이어요	일일이/하나하나	제가끔/제각기	입찬말/입찬소리	을러대다/을러메다
의심스럽다/의심쩍다	장가가다/장가들다	재롱떨다/재롱부리다	척/체	좀처럼/좀체
자리옷/잠옷	자물쇠/자물통	차차/차츰	책씻이/책거리	천연덕스럽다/천연스럽다
축가다/축나다	중신/중매	쪽/편	추어올리다/추어주다	어금버금하다/어금지금하다
침놓다/침주다	한턱내다/한턱하다	오사리잡놈/오색잡놈	철따구니/철딱서니/철딱지	멀찌감치/멀찌가니/멀찍이
아무튼/어떻든/어쨌든/하여튼/여하튼		보통내기/여간내기/예사내기		

'고깃-관, 푸줏-관, 다림-방', '덩쿨', 돛대에 매어 놓은 줄을 뜻하는 '이어-줄', '벌거지, 벌러지', '행-내기', '부치개-질', '상도-꾼, 향도-꾼', '서양철', '설다', '외대-박이, 외눈-퉁이', '여직, 여직-껏', '오합-잡놈', '홑겹-실, 올-실', '서방-가다', '좀-체로, 좀-해선, 좀-해', '철-때기', '추켜-올리다' 등은 모두 비표준어이다. 이들의 표준어를 위에서 한번 찾아보자.

1　표준어로만 이루어진 문장은?

① 그는 옛 여자 친구의 결혼 소식에 저으기 놀란 눈치였다.
② 10년 만에 나타난 그는 영판 딴 사람이 되어 모든 이를 감동시켰다.
③ 여자들은 약간 까탈스러운 것이 매력적이라고 생각하는 것 같았다.
④ 서해 바닷가의 아름다운 놀은 아직도 잊히지 않는다.

틀린 표현	맞는 표현	이해

2　밑줄 친 말 중 표준어인 것은?

① 담쟁이덩쿨은 가을에 아름답다.
② 벌러지를 함부로 죽이면 안 돼.
③ 쇠고기는 푸줏관에서 팔고 있다.
④ 아이가 고까옷을 입고 뽐내고 있다.

틀린 표현	맞는 표현	이해

틀린 표현	맞는 표현	이해
저으기	적이	'적이'는 부사로 '꽤 어지간한 정도로'의 의미로 쓰인다. ⇒ '더욱이'도 '더우기'로 쓰지 않도록 주의하자.
영판	아주	'아주'는 부사로 '보통 정도보다 훨씬 더 넘어선 상태로'의 의미로 쓰인다. ⇒ 〈표준어 규정〉 제3장 제5절 제25항 '의미가 똑같은 형태가 몇 가지 있을 경우, 그중 어느 하나가 압도적으로 널리 쓰이면, 그 단어만을 표준어로 삼는다.'라는 규정에 따라 '아주'만을 표준어로 인정하고 '영판'은 표준어로 인정하지 않았다.
까탈스러운	까다롭다 까탈스럽다	'까다롭다'는 형용사로 '조건 따위가 복잡하거나 엄격하여 다루기에 순탄하지 않다', '성미나 취향 따위가 원만하지 않고 별스럽게 까탈이 많다'는 의미로 쓰인다. ⇒ '-스럽다'는 '그러한 성질이 있음'의 뜻을 더하여 형용사를 만드는 접미사로 '복스럽다, 걱정스럽다, 자랑스럽다'처럼 쓰인다. ⇒ 이와 달리 '-롭다'는 '그러함' 또는 '그럴 만함'의 뜻을 더하고 형용사를 만드는 접미사로 '명예롭다, 신비롭다, 자유롭다, 풍요롭다'처럼 쓰인다. 까탈스럽다는 2016년에 표준어로 등재되었다. 따라서 이제 ③도 정답이 되었다.
놀	놀	'놀'은 '노을'의 준말 형태로 '놀'과 '노을'은 복수 표준어이다. 따라서 ④가 정답이다.

틀린 표현	맞는 표현	이해
담쟁이덩쿨	담쟁이덩굴 담쟁이넝쿨	'덩쿨'이나 '넝굴'로 쓰지 않도록 주의하자. '담장아넝굴'이나 '담장아넝쿨'도 잘못된 표기이니 조심해서 사용하도록 하자. ⇒ 덩쿨은 없다. 넝굴도 없다. 이게 은근히 헷갈리는 것 중에 하나인데... 다음 문장만 기억하고 가자. 덩굴덩굴 노는 너는 참 쿨해. 그래서 덩굴넝쿨이 맞아. ⇒ 담장어도 없다.
벌러지	버러지	'버러지'는 곤충을 비롯하여 기생충과 같은 하등 동물을 통틀어 이르거나 어떤 일에 열중하는 사람을 비유적으로 이를 때 쓰이는 말이다. ≒ 벌레 • 요게 남도에서는 '*벌러지'로도 쓰인다. 참 어감은 좋은 말이지만 표준어가 아니다. • 발음이 센 건 일단 의심해 보는 것이 좋다.
푸줏관	푸줏간	'푸줏간'은 쇠고기나 돼지고기 따위의 고기를 끊어 팔던 가게를 의미한다. ≒ 고깃간 • 푸줏간의 발음은 [푸주깐/푸준깐]이 된다.
고까옷	고까옷	'고까옷'은 알록달록하게 곱게 만든 아이의 옷을 의미한다. ≒ 꼬까옷, 때때옷. 정답은 ④이다.

☞ **한국어교육에서 표준어의 선정 원리와 방식이**
왜 중요한지를 간단하게 정리해 보시오.

표준이 되는 표현의 대척점에는 당연히 표준이 되지 못한 표현들이 있을 것이다.

이들 중에는 당연히 제대로 알지 못하고 잘못 쓰는 것들 외에 사투리(방언)처럼 지역 문화권에 따라서 표준어의 지위를 얻지 못하였으나 당연히 우리말과 글의 영역에 들어 있는 것들이 있다.

한국어교육에서 방언 교육은 필요한지 고민해 보고 자신의 의견을 이야기해 보자.

표준어의 발음과 표기는 그때그때 확인해 두는 것이 좋다.

조금 낯설거나 이상한 경우, 그리고 한글 문서 프로그램을 이용해서 문서 작성 시에 이상하게 빨간색 밑줄이 쳐지는 경우(이 밑줄을 맹신하면 안 된다. 한 1% 정도는 틀린다고 생각하면 맞다)에는 사전을 찾아보는 것이 좋다.

이때에도 여기저기 제공하는 사전을 참조하는 것보다 〈표준국어대사전〉을 참조하는 것이 좋다.

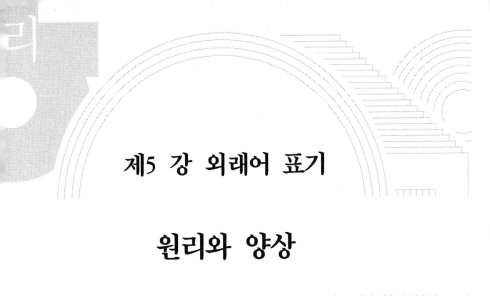

제5 강 외래어 표기

원리와 양상

제5 강 외래어 표기: 원리와 양상

🔍 국어 규범에서 외래어와 그 표기의 중요성은 어떠한지 자신의 생각을 간단하게 정리해 보자.

🔍 외래어란 우리말 어휘 체계 중의 하나로서 그 형태가 관습적으로 굳어진 것이거나 번역어가 없는 학술어, 또는 대응어가 있지만 영향력이 커서 우리말 어휘 체계로 들어온 것들을 말한다.

🔍 외래어는 그 유래(?)가 되는 언어권별로 원칙을 정하고 그에 맞추어서 적기 때문에, 이를 사용하는 개별 사용자의 언어 습관과 잘 맞지 않는 경우가 많다. 게다가 발음과 전혀 달라 보이는 표기들도 있다. '정말 이 발음이 맞나?' 싶은 것들이 적지 않다.

🔍 그러니 그것들을 이상하다고 생각할 필요가 없다.

🔍 사실 외래어표기법은 그냥 '이들을 적는 원칙이 있다' 정도만 알고 가는 것으로도 충분하다.

🔍 우리는 그냥 간단하게나마 한국어교육에서 외래어를 어느 단계에서 교육하는 것이 가장 좋을지 고민해 보자.

다음 질문에 대해서 생각해 보자.

- 외래어와 외국어 표현은 어떻게 다른가?
- 외래어는 반드시 표기된 대로 발음해야 하는가?

/ 외래어는 우리말 어휘 체계의 하나이고 외국어 표현은 아직 그 지위를 얻지 못한 것이다.

/ 우리가 흔히 알고 쓰는 것이 표기법과 현저히 차이가 나는 이유는 무엇일까?

/ 사실 소리 나는 대로 읽으면 이상한 말투성이다.

/ 그래서 표기법만 있는 것이 아닐까? 외래어 발음법은 없지 않은가?

외래어 표기법

제1장 표기의 원칙

제1항 외래어는 국어의 현용 24 자모만으로 적는다.

제2항 외래어의 1 음운은 원칙적으로 1 기호로 적는다.

제3항 받침에는 'ㄱ, ㄴ, ㄹ, ㅁ, ㅂ, ㅅ, ㅇ'만을 쓴다.

제4항 파열음 표기에는 된소리를 쓰지 않는 것을 원칙으로 한다.

제5항 이미 굳어진 외래어는 관용으로 존중하되, 그 범위와 용례는 따로 정한다.

제2장 표기 일람표

국제음성 기호와 한글 대조표 ‖ 에스파냐어 자모 ‖ 이탈리아어 자모 ‖ 일본어 가나 ‖ 중국어의 주음 부호 ‖ 폴란드어 자모 ‖ 체코어 자모 ‖ 세르보크로아트어 자모 ‖ 루마니아어 자모 ‖ 헝가리어 자모 ‖ 스웨덴어 자모 ‖ 노르웨이어 자모 ‖ 덴마크어 자모 ‖ 말레이인도네시아어 자모 ‖ 타이어 자모 ‖ 베트남어 자모 ‖ 포르투갈어 자모 ‖ 네덜란드어 자모 ‖ 러시아어 자모

제3장 표기 세칙

제1절 영어의 표기

표 1에 따라 적되, 다음 사항에 유의하여 적는다.

제1항 무성 파열음([p], [t], [k])

제2항 유성 파열음([b], [d], [g])

제3항 마찰음([s], [z], [f], [v], [θ], [ð], [ʃ], [ʒ])

제4항 파찰음([ts], [dz], [tʃ], [dʒ])

제5항 비음([m], [n], [ŋ])

제6항 유음([l])

제7항 장모음 장모음의 장음은 따로 표기하지 않는다.

제8항 중모음([ai], [au], [ei], [ɔi], [ou], [auə])

제9항 반모음([w], [j])

제10항 복합어

제2절 독일어의표기

표 1을 따르고 제1절(영어의 표기 세칙)을 준용한다. 다만, 독일어의 독특한 것
은 그 특징을 살려서 다음과 같이 적는다.

(제3장의 표기 세칙은 이하 프랑스어부터 러시아어까지 구성되어 있음.)

제4장 인명, 지명 표기의 원칙

제1절 표기 원칙

제1항 외국의 인명, 지명의 표기는 제1장, 제2장, 제3장의 규정을 따르는 것을
원칙으로 한다.

제2항 제3장에 포함되어 있지 않은 언어권의 인명, 지명은 원지음을 따르는 것을
원칙으로 한다.

제3항 원지음이 아닌 제3국의 발음으로 통용되고 있는 것은 관용을 따른다.

제4항 고유 명사의 번역명이 통용되는 경우 관용을 따른다.

제2절 동양의 인명, 지명 표기

제1항 중국 인명은 과거인과 현대인을 구분하여 과거인은 종전의 한자음대로 표
기하고, 현대인은 원칙적으로 중국어 표기법에 따라 표기하되, 필요한 경
우 한자를 병기한다.

제2항 중국의 역사 지명으로서 현재 쓰이지 않는 것은 우리 한자음대로 하고, 현재 지명과 동일한 것은 중국어 표기법에 따라 표기하되, 필요한 경우 한자를 병기한다.

제3항 일본의 인명과 지명은 과거와 현대의 구분 없이 일본어 표기법에 따라 표기하는 것을 원칙으로 하되, 필요한 경우 한자를 병기한다.

제4항 중국 및 일본의 지명 가운데 한국 한자음으로 읽는 관용이 있는 것은 이를 허용한다.

제3절 바다, 섬, 강, 산 등의 표기 세칙

제1항 바다는 '해(海)'로 통일한다.

제2항 우리나라를 제외하고 섬은 모두 '섬'으로 통일한다.

제3항 한자 사용 지역(일본, 중국)의 지명이 하나의 한자로 되어 있을 경우, '강', '산', '호', '섬' 등은 겹쳐 적는다.

제4항 지명이 산맥, 산, 강 등의 뜻이 들어 있는 것은 '산맥', '산', '강' 등을 겹쳐 적는다.

부칙

(시행일) 이 규정은 공포한 날부터 시행한다. 다만, 제4장 제3절 개정규정은 2017년 6월 1일부터 시행한다.

⇒ 자음의 발음은 조음 기관에서 소리를 어떻게 만드느냐에 따라서 달라진다. 이러한 조음방식에 따라서 자음을 구분하면 다음처럼 나누어 볼 수 있다.[4]

1) 폐쇄음(파열음): 공기의 흐름을 완전히 막아서 발음한 것. [ㅂ, ㅃ, ㅍ], [ㄷ, ㄸ, ㅌ], [ㄱ, ㄲ, ㅋ]
2) 마찰음: 혀끝과 치조 사이를 좁힌 틈으로 공기를 빠르게 내보내 발음한 것. [ㅅ, ㅆ], 성문마찰음 [ㅎ]
3) 파찰음: 처음에는 폐쇄음처럼 발음하다가 마찰음처럼 발음한 것. [ㅈ, ㅉ, ㅊ]
4) 비음: 구강 내 음성기관을 완전히 막고 코로 공기를 내보내면서 발음하는 콧소리. [ㅁ, ㄴ, ㅇ]
5) 유음: 조음 시 조음기관끼리의 접촉이 매우 적어 공기가 비교적 자유롭게 흐르면서 발음된 것. [ㄹ]

---

4) 이하 배주채(2015, 62-77), "한국어 음운론의 기초"에서 발췌 수정 인용했다. 이 책은 그 제목처럼 한국어 음운에 대한 기초를 쌓기에는 부족함이 없는 책이다.

앞으로 우리가 알아야 할 핵심 개념은 이것이다.

| ○ 외래어 표기의 원리 | ○ 외래어 표기의 양상 |

외래어란 외국에서 들어온 말로 국어처럼 쓰이는 단어를 말한다. 버스, 컴퓨터, 피아노 따위가 있다. 비슷한 말로는 '들온말·전래어·차용어'가 있다. 이의 표기 원칙과 세칙은 외래어 표기법으로 정해 두었다.

전개 학습 다음 질문에 대답해 보자.

1 다음의 〈외래어 표기의 기본 원칙〉에 맞지 않는 것은?

> 〈외래어 표기의 기본 원칙〉
> 제1항: 외래어는 국어의 현용 24 자모만으로 적는다.
> 제2항: 외래어의 1 음운은 원칙적으로 1 기호로 적는다.
> 제3항: 받침에는 'ㄱ, ㄴ, ㄹ, ㅁ, ㅂ, ㅅ, ㅇ'만을 적는다.
> 제4항: 파열음 표기에는 된소리를 쓰지 않는 것을 원칙으로 한다.
> 제5항: 이미 굳어진 외래어는 관용을 존중하되, 그 범위와 용례는 따로 정한다.

① 외래어도 국어이므로 국어에 사용하지 않는 문자나 기호를 쓸 필요가 없다.
② 'graph'는 '그래프'로 적는다.
③ 받침 표기는 국어의 음절 말 자음 체계와 일치한다.
④ 'Paris'는 '파리'로 적는다.

정답은 ③ 번이다.

제시 항 분석	원칙 적용	이해
외래어는 국어다	국어에 사용되는 24자모로 적는다.	맞다. 외래어는 고유어(순우리말), 한자어와 함께 우리말 어휘의 체계를 이룬다.
'graph'는 '그래프'로 적는다.	g 그 ra 래 ph 프	맞다. 영어 단어 그래프는 1음절어(모음이 하나)이지만 우리말 외래어 그래프로 적을 때에는 모음 수가 늘었다. 3음절어가 됐다. 이건 모든 자음 앞에 오는 [b/d/g]를 적을 방법이 없어서 '으'를 붙인다는 규정을 두었기 때문이다. 원칙대로면 /gra/을 '그래' 이렇게 적어야 하는데 우리의 음절 구조상 이는 불가하다. 그러니까 '으'를 첨가한 것이다. ⇒ 자음이 연쇄되는 경우 첫소리에는 'ㄲㄸㅃㅆㅉ'만 적을 수 있다.
받침 표기	국어의 음절 말 자음 체계와 일치한다.	국어의 음절 말 자음은 14개의 기본 자모는 물론 어울려 쓰는 겹글자로 'ㄲㄸㅃㅆㅉ', 'ㄳㄵㄶㄺㄻㄼㄽㄾㄿㅀㅄ'를 쓸 수 있다. ⇒ 'ㄲㄸㅃㅆㅉ'는 초성에 모두 쓸 수 있지만 종성에는 'ㄲ, ㅆ' 두 개만 쓸 수 있다.
Paris	파리	파열음 표기에는 된소리를 쓰지 않는 것을 원칙으로 한다. 이 규정을 가장 잘 나타내 주는 용례다. 피에로 〉*뻬에로

외래어 표기법은 세세한 항목을 모두 정리해 주지 못한다. 원칙을 제공해 줄 뿐이다. 그러니 간단하게 원칙의 원리를 이해하고 몇 가지 특이할 만한 세칙을 기억해 두는 것이 중요하다.

기죽지 말자! 어차피 우리가 매일 보고 듣고 쓰던 말들이다.

⇒ **제1 장 표기의 원칙은 이랬다.**

〈제1항 외래어는 국어의 현용 24 자모만으로 적는다.〉
〈제2항 외래어의 1음운은 원칙적으로 1 기호로 적는다.〉
〈제3항 받침에는 'ㄱ, ㄴ, ㄹ, ㅁ, ㅂ, ㅅ, ㅇ'만을 쓴다.〉
〈제4항 파열음 표기에는 된소리를 쓰지 않는 것을 원칙으로 한다.〉
〈제5항 이미 굳어진 외래어는 관용을 존중하되, 그 범위와 용례는 따로 정
　　　한다.〉

　24 자모란 'ㄱ'부터 'ㅎ'까지 14개의 자음과 'ㅏ ㅑ ㅓ ㅕ ㅗ ㅛ ㅜ ㅠ ㅡ ㅣ' 열 개의 모음을 말한다. 그런데 이들을 조합해서 쓸 수 있는 자음 5개, 모음 11개가 더 있다. 결국 40개를 쓸 수 있다는 것으로 이해하면 된다. 2항, 3항, 4항은 외래어를 최대한 명확하고도 간단하게 적겠다는 원칙을 나타낸 것이다. 그리고 제5 항은 원칙에 벗어나더라도 예외를 인정해 줄 수 있음을 나타낸 것이다.

　'웨하스'와 '웨이퍼', '와플' 중에 어떤 게 맞을까? 우리가 걷는 '낭만' 가득한 길은 과연 '메타세콰이어' 길인가, '메타세쿼이아' 길인가? '서비스센터'는 [써비쓰쎈터]로 발음하는 것이 맞는가? '파리마늘빵'은 왜 '빠리마늘빵'으로 쓰면 안 되는가?

　외래어 표기법은 생각보다 까다로운 이런 것들에 대한 이해의 척도가 된다. 그리고 이들에 대한 인식과 고민은 한국어교육 현장 틈틈이 예상치 못하게 터져 나오는 질문에 답할 수 있는 힘을 길러주게 된다.

원리와 양상

외래어 표기법은 19개의 표기 일람표와 함께, 영어, 독일어, 프랑스어, 에스파냐어, 이탈리아어, 일본어, 중국어, 폴란드어, 체코어, 세르보크로아트어, 루마니아어, 헝가리어, 스웨덴어, 노르웨이어, 덴마크어, 말레이인도네시아어, 타이어, 베트남어, 포르투갈어, 네덜란드어, 러시아어 등 총 21개의 언어에 대한 표기 세칙을 정해두고 있다. 이에서는 영어를 대상으로 그 세칙을 용례와 함께 살펴보기로 하자.[5]

짧은 모음 + 어말, 자음 사이(유음·비음([l], [r], [m], [n] 제외)에 오는 무성 파열음([p], [t], [k])은 받침으로 적는다.					
gap[gæp] 갭	cat[kæt] 캣	book[buk] 북	apt[æpt] 앱트	setback[setbæk] 셋백	act[ækt] 액트
이외의 어말과 자음 앞의 [p], [t], [k]는 '으'를 붙여 적는다.					
stamp[stæmp] 스탬프	cape[keip] 케이프	nest[nest] 네스트	part[pɑːt] 파트	desk[desk] 데스크	make[meik] 메이크
apple[æpl] 애플	mattress[mætris] 매트리스	chipmunk[tʃipmʌŋk] 치프멍크	sickness[siknis] 시크니스		
어말과 모든 자음 앞에 오는 유성 파열음([b], [d], [g])은 '으'를 붙여 적는다.					
bulb[bʌlb] 벌브	land[lænd] 랜드	lobster[lɔbstə] 로브스터/랍스터	zigzag[zigzæg] 지그재그	kidnap[kidnæp] 키드냅	signal[signəl] 시그널
어말 또는 자음 앞의 [s], [z], [f], [v], [θ], [ə]는 '으'를 붙여 적는다.					
mask[mɑːsk] 마스크	jazz[dʒæz] 재즈	graph[græf] 그래프	olive[ɔliv] 올리브	thrill[θril] 스릴	bathe[beiə] 베이드

---

5) 이에 대한 상세한 자료는 국립국어원 홈페이지(korean.go.kr 〉 찾기 마당 〉 외래어 표기법)를 참조하면 된다.

어말의 [ʃ]는 '시'로 적고, 자음 앞의 [ʃ]]는 '슈'로, 모음 앞의 [ʃ]]는 뒤따르는 모음에 따라 '샤', '섀', '셔', '셰', '쇼', '슈', '시'로 적는다.

flash[flæʃ] 플래시	shrub[ʃrʌb] 슈러브	shark[ʃɑːk] 샤크	shank[ʃæŋk] 섕크	fashion[fæʃən] 패션	sheriff[ʃerif] 셰리프
shopping[ʃɔpiŋ] 쇼핑	shoe[ʃuː] 슈	shim[ʃim] 심			

어말 또는 자음 앞의 [ʒ]는 '지'로 적고, 모음 앞의 [ʒ]는 'ㅈ'으로 적는다.

mirage[mirɑːʒ] 미라지	vision[viʒən] 비전

어말 또는 자음 앞의 [ts], [dz]는 '츠', '즈'로 적고, [tʃ], [dʒ]는 '치', '지'로 적는다.

Keats[kiːts] 키츠	odds[ɔdz] 오즈	switch[switʃ] 스위치	bridge[bridʒ] 브리지	Pittsburgh[pitsbəːg] 피츠버그	hitchhike[hitʃhaik] 히치하이크

모음 앞의 [tʃ], [dʒ]는 'ㅊ', 'ㅈ'으로 적는다.

chart[tʃɑːt] 차트	virgin[vəːdʒin] 버진

어말 또는 자음 앞의 비음([m], [n], [ŋ])은 모두 받침으로 적는다.

steam[stiːm] 스팀	corn[kɔːn] 콘	ring[riŋ] 링	lamp[læmp] 램프	hint[hint] 힌트	ink[iŋk] 잉크

모음과 모음 사이의 [ŋ]은 앞 음절의 받침 'ㅇ'으로 적는다.

hanging[hæŋiŋ] 행잉	longing[lɔŋiŋ] 롱잉

어말 또는 자음 앞의 유음([l])은 받침으로 적는다.

hotel[houtel] 호텔	pulp[pʌlp] 펄프

어중의 [l]이 모음 앞에 오거나, 모음이 따르지 않는 비음([m], [n]) 앞에 올 때에는 'ㄹㄹ'로 적는다. 다만, 비음([m], [n]) 뒤의 [l]은 모음 앞에 오더라도 'ㄹ'로 적는다.

slide[slaid] 슬라이드	film[film] 필름	helm[helm] 헬름	swoln[swouln] 스월른	Hamlet[hæmlit] 햄릿	Henley[henli] 헨리

장모음의 장음은 따로 표기하지 않는다.

team[tiːm] 팀	route[ruːt] 루트

중모음([ai], [au], [ei], [ɔi], [ou], [auə])은 각 단모음의 음가를 살려서 적되, [ou]는 '오'로, [auə]는 '아워'로 적는다.

time[taim] 타임	house[haus] 하우스	skate[skeit] 스케이트	oil[ɔil] 오일	boat[bout] 보트	tower[tauə] 타워

반모음[w]는 뒤따르는 모음에 따라 [wə], [wɔ], [wou]는 '워', [wɑ]는 '와', [wæ]는 '왜', [we]는 '웨', [wi]는 '위', [wu]는 '우'로 적는다

| word[wəːd] 워드 | want[wɔnt] 원트 | woe[wou] 워 | wander[wɑndə] 완더 | wag[wæg] 왜그 | west[west] 웨스트 |
| witch[witʃ] 위치 | wool[wul] 울 | | | | |

자음 뒤에 반모음 [w]가 올 때에는 두 음절로 갈라 적되, [gw], [hw], [kw]는 한 음절로 붙여 적는다.

| swing[swiŋ] 스윙 | twist[twist] 트위스트 | penguin[peŋgwin] 펭귄 | whistle[hwisl] 휘슬 | quarter[kwɔːtə] 쿼터 |

반모음 [j]는 뒤따르는 모음과 합쳐 '야', '얘', '여', '예', '요', '유', '이'로 적는다. 다만, [d], [l], [n] 다음에 [jə]가 올 때에는 각각 '디어', '리어', '니어'로 적는다.

| yard[jɑːd] 야드 | yank[jæŋk] 앵크 | yearn[jəːn] 연 | yellow[jelou] 옐로 | yawn[jɔːn] 욘 | you[juː] 유 |
| year[jiə] 이어 | Indian[indjən] 인디언 | battalion[bətæljən] 버탤리언 | union[juːnjən] 유니언 | | |

따로 설 수 있는 말의 합성으로 이루어진 복합어는 그것을 구성하고 있는 말이 단독으로 쓰일 때의 표기대로 적는다.

| cuplike[kʌplaik] 컵라이크 | bookend[bukend] 북엔드 | headlight[hedlait] 헤드라이트 | touchwood[tʌtʃwud] 터치우드 | sit-in[sitin] 싯인 | bookmaker[bukmeikə] 북메이커 |
| flashgun[flæʃgʌn] 플래시건 | topknot[tɔpnɔt] 톱낫 | | | | |

원어에서 띄어 쓴 말은 띄어 쓴 대로 한글 표기를 하되, 붙여 쓸 수도 있다.

| Los Alamos[lɔs æləmous] 로스 앨러모스/로스앨러모스 | top class[tɔpklæs] 톱 클래스/톱클래스 |

　중국어는 성조를 구별하여 적지 않고 'ㅈ, ㅉ, ㅊ'으로 표기되는 자음(ㄐ, ㅗㅗ, ㄗ, ㄑ, ㄔ, ㄘ) 뒤의 'ㅑ, ㄝ, ㅛ, ㄩ' 음은 'ㅏ, ㄝ, ㅗ, ㅜ'로 적는다는 것 정도(쟈→자, 졔→제)만 알면 된다. 일본어의 경우 촉음(促音: 폐쇄되는 소리) [ッ(ㄱ)]를 'ㅅ'으로 통일해서 적는 것(サッポロ 삿포로, トットリ 돗토리, ヨッカイチ 욧카이치)과 장모음을 따로 표기하지 않는다는 것 정도(キュウシュウ(九州) 규슈, ニイガタ(新潟) 니가타, トウキョウ(東京) 도쿄, オオサカ(大阪) 오사카)만 알면 된다.

틀리기 쉬운 외래어 표기 용례

맞음	틀림	맞음	틀림	맞음	틀림
리포트	래포트	모차르트	모짜르트	디스켓	디스켇
서비스	써비스	사인	싸인	휘슬	휘쓸
워크숍	워크샵	커피숍	커피샵	블라우스	브라우스
콤플렉스	컴플렉스	콘텐츠	컨텐츠	커닝	컨닝
텔레비전	테레비(전)	색소폰	색소폰 색스폰	플루트	플룻
판타지	환타지	파일	화일	센터	쎈타
심포지엄	심포지움	액세서리	악세서리 악세사리	프라이팬	후라이팬
앙케트	앙케이트	주스	쥬스	슈퍼마켓	수퍼마켓
로켓	로케트	테이프	테잎	케이크	케익
콩트	꽁뜨	가운	까운	가스	까스
타월	타올	필름	필림	디지털	디지탈
난센스	넌센스	리더십	리더쉽	랑데부	랑데뷰
플래카드	플랜카드	파이팅	화이팅	코냑	꼬냑
팸플릿	팜플랫	리플릿	리플랫	캘린더	카렌다
바비큐	바베큐	재킷	자켓	배터리	밧데리
심벌	심볼	소나타	쏘나타	메시지	메세지
초콜릿	초콜렛	타깃	타켓	파운데이션	화운데이션
부르주아	부르조아	재즈	째즈	댄스	땐스
스펀지	스폰지	로터리	로타리	뷔페	부페
밀크셰이크	밀크쉐이크	로브스터 랍스터	랍스타	로봇	로보트

이들은 우리가 일상생활에서 흔히 쓰는 표현들이다. 보통 쓰는 발음보다
조금은 불편하면서도 조금 더 명확하게 발음하게 된다는 것을 집중해서 이해

할 필요가 있다. 미국식 영어보다는 영국식 영어의 발음을 따르고 있다는 것처럼 편하게 이해해도 좋겠다. 그런데 이처럼 올바른 표현을 이해하는 것도 중요하지만 사실 우리에게는 틀릴 것 같아 보이지만 정작 그게 맞는 표현이 무엇인지 알아놓는 것이 더 중요하다.

1 밑줄 친 외래어의 표기가 바른 것은?

① 신나는 음악을 듣고 있으니 <u>엔돌핀</u>이 용솟음치는 듯하다.

② 축제 기간에 진행하는 행사들은 <u>팜플렛</u>을 통해 소개되었다.

③ 이번 여행에서 가장 기억에 남는 것은 야외에서의 <u>바베큐</u> 파티였다.

④ 자동차에 문제가 있는 것 같아 갓길에 정차하여 차의 <u>보닛</u>을 열어 보았다.

제시 항 분석	원칙 적용	이해

제시 항 분석	원칙 적용	이해
엔돌핀	→ 엔도르핀 (endorphin)	의약 용어는 대부분 영어가 아닌 유럽어(주로 독일어)를 따르는 경향이 짙다. • 독일어 표기에서 r은 '르'로 적는다. 엔도르핀(O), 엔돌핀(X), 인도르핀(X)
팜플렛	→ 팸플릿 (pamphlet)	/리플렛/도 틀린 표현이다. 규칙에 따르면 /리플릿leaflet/으로 적는 것이 맞다. 렌즈^터릿(lens turret) 바틀릿(Bartlett) 비프-커틀릿(beef cutlet) 등도 알아 두자.
바베큐	→ 바비큐 (barbecue)	/바베큐/는 없다. /바비큐/가 맞다. • 상표에 혹해서 /비비큐/로 오인하는 일이 없도록 하자.
보닛	보닛(bonnet) (O)	'본네트'로 잘못 쓰지 않도록 주의하자. • 소네트(sonnet) 마그네트(magnet) 골-네트(goal net)마리오네트(〈프〉marionette)는 네트가 옳다. 알아 두자.

인명과 지명 표기의 원칙 중에서 지명 표기의 원칙은 2017년 6월 1일을 기준으로 바뀌었다. 원래의 규정은 다음과 같았다.

1) '해', '섬', '강', '산' 등이 외래어에 붙을 때에는 띄어 쓰고, 우리말에 붙을 때에는 붙여 쓴다.
2) 바다는 '해(海)'로 통일한다.
3) 우리나라를 제외하고 섬은 모두 '섬'으로 통일한다.
4) 한자 사용 지역(일본, 중국)의 지명이 하나의 한자로 되어 있을 경우, '강', '산', '호', '섬' 등은 겹쳐 적는다.
5) 지명이 산맥, 산, 강 등의 뜻이 들어 있는 것은 '산맥', '산', '강' 등을 겹쳐 적는다.

이에 의하면 다음과 같이 적어야 했다.

카리브 해, 북해, 발리 섬, 목요섬, 타이완 섬, 코르시카 섬(우리나라: 제주도, 울릉도)
온타케 산(御岳), 주장 강(珠江), 도시마 섬(利島), 위산 산(玉山)
Rio Grande 리오그란데 강, Monte Rosa 몬테로사 산, Mont Blanc 몽블랑 산

그런데 2017년 6월 1일자로 바뀐 규정은 다음과 같다.

1) 바다는 '해(海)'로 통일한다.
2) 우리나라를 제외하고 섬은 모두 '섬'으로 통일한다.
3) 한자 사용 지역(일본, 중국)의 지명이 하나의 한자로 되어 있을 경우,
   '강', '산', '호', '섬' 등은 겹쳐 적는다.
4) 지명이 산맥, 산, 강 등의 뜻이 들어 있는 것은 '산맥', '산', '강' 등을
   겹쳐 적는다.

뭐가 달라졌는지 알겠는가? 그렇다면 앞의 해, 섬, 강 등을 어떻게 적어야
하는가? 확인해 보자.

틀릴 것 같지만 사실 이게 맞는 외래어 표기

점퍼(잠바)jumper	플래카드placard	파마permanent	더플백duffle bag
카디건cardigan	가톨릭Catholic	라디에이터radiator	로커locker
거즈gauze	크로켓croquette	재킷jacket	글라스glass
코르덴 corded velveteen	그러데이션 gradation	밀크셰이크 milk shake	로브스터 랍스터lobster
내비게이션 navigation	녹^다운 knock-down	다이내믹하다 dynamic	달마티안Dalmatian

이들 표현 외에도 우리가 상용하면서 잘못 쓰는 표현은 수천 개가 넘는다. 이에 대해서는 혹여 시간이 남는다면 '알수록 '스마트smart'해지는 한국어, 외래어와 외국어 표현 3300(2012, 역락)'을 참조해 보라. 정말 재미있는 외래어와 외국어 표현이 가득하다는 것을 알게 될 것이다.

2 밑줄 친 외래어 가운데 표기법에 어긋나는 것은?

① 요즘 대학가에는 서점보다 <u>커피숍</u>이 훨씬 많다.
② <u>스펀지</u>는 고무나 합성수지 따위로 만든다.
③ 시청에 가려면 <u>로터리</u>에서 좌회전하세요.
④ 땀으로 가득한 얼굴에 신나는 리듬의 몸동작, 이것이 <u>재즈</u> 댄스의 매력이다.

제시 항 분석	원칙 적용	이해

3 다음 중 외래어 표기법에 틀리게 적은 것은?

① 메타세쿼이아(metasequoia): 낙우송과의 낙엽 침엽 교목.
② 달마티안(Dalmatian): 개의 한 품종.
③ 류머티즘(rheumatism): 뼈, 관절, 근육 따위가 단단하게 굳거나 아프며 운동하기가 곤란한 증상.
④ 액세서리(accessory): 복장의 조화를 도모하는 장식품.
⑤ 무슬림(Moslem): 이슬람교도.

제시 항 분석	원칙 적용	이해

제시 항 분석	원칙 적용	이해
커피샵	→ 커피숍(coffee shop)	'커피샵'이 아니라 '커피숍'으로 적어야 올바르다. ⇒ '워크샵'도 틀린 표기다. '워크숍workshop'이 맞다. ⇒ 가게를 뜻하는 "*샵'은 없다. 외래어가 아닌 그냥 외국어다. 그러니 '샵'도 틀린 거다.
스펀지	스펀지(sponge) (○)	'스폰지'로 잘못 쓰지 않도록 주의하자.
로터리	로터리(rotary) (○)	'로타리'로 쓰지 않도록 조심하자.
재즈	재즈(jazz, [dʒæz]) (○)	모음 앞의 파찰음 [tʃ], [dʒ]는 'ㅊ', 'ㅈ'으로 적고, 어말 또는 자음 앞의 마찰음 [s], [z], [f], [v], [θ], [ð]는 '으'를 붙여 적는다. 그러므로 '재즈'는 올바른 표기이다. '째즈'로 적지 않도록 주의하자.

제시 항 분석	원칙 적용	이해
메타세쿼이아	메타세쿼이아 (metasequoia) (○)	보통 쓰는 '메타세콰이어/메타세콰이어' 등은 모두 틀린 표현이다.
달마티안	달마티안(Dalmatian) (○)	우리가 흔히 '달마시안'으로 잘못 알고 있는 개의 한 품종의 지칭 표현은 '달마티안'이 맞는 표현이다.
류머티즘	류머티즘 (rheumatism) (○)	흔히 '류마티즘'으로 잘못 알고 쓰고 있다. '류머티즘'이 맞는 표현이다.
액세서리	액세서리(accessory) (○)	'악세사리'는 틀린 표현이다. '액세서리'가 맞는 표현이다.
무슬림	→모슬렘 (Moslem)	흔히 이슬람교도를 '무슬림'으로 쓰고 발음하지만 이는 틀린 표현이다. 현지 발음과 상관없이 아직까지 이슬람교도를 지칭하는 올바른 표현은 '모슬렘'이다.

☞ **외래어 표기에 관한 현상 또는 연구물을 찾아보고**
 한국어교육에서 외래어 표기 지식이 왜 중요한지를
 간단하게 정리해 보시오.

거리에 또는 자신들의 옷에, 물건에 적혀 있는 외래어, 외국어 표현을 정리해 보자. 생각보다 훨씬 많고 훨씬 이상할 것이다.

일주일 동안 눈에 보이는 모든 것에 신경을 써 보자. 그리고 시간이 남는다면 이 주제와 관련된 논문을 한 편 또는 여러 편 읽고 자신의 생각을 한번 정리해 보자.

한국어교육 현장에서 외래어 표기 내용과 지식은 어떻게 활용 가능한지 생각해 보자.

강의 게시판에 올리고 다른 동학들의 생각은 어떠한지 비교해 보자.

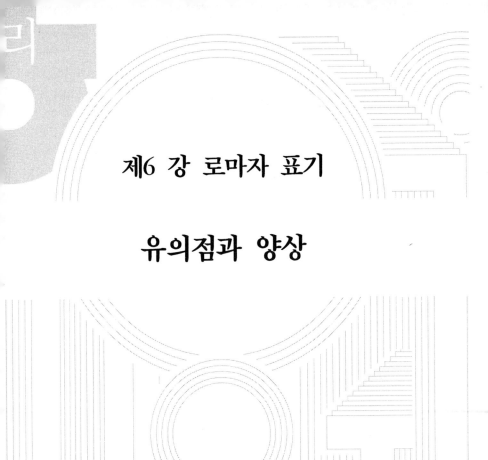

제6 강 로마자 표기

유의점과 양상

제6 강 로마자 표기: 유의점과 양상

✎ 국어 규범에서 로마자 표기란 무엇이고 그 중요성은 어떠한지 자신의 생각을
   간단하게 정리해 보자.

✎ 로마자 표기법이란 한국어 단어를 한글이 아닌 로마자(ABCD...)로 적는 법을
   정리해 둔 규정이다.

✎ 한국어는 한글로 적는다. 로마자표기법은 한국어를 모국어로 사용하지 않는
   사람들이 한글이 아닌 로마자로도 읽을 수 있도록 필요한 곳곳에서 적을 수
   있도록 마련해 둔 규칙이다.

✎ 로마자 표기법은 이의 원칙과 용법을 정리해 둔 규정이다.

✎ 교통 표지판이나 운동선수의 이름 표시, 메뉴판 등에 가장 많이 쓰인다. 그때
   그때 조금씩 바뀌기도 하지만 이 규정은 워낙 간단한 원칙을 가지고 있는 규정
   이어서 조금만 신경 써서 알아두면 된다.

✎ 한국어교육에서 이들 표기법 부분은 사실 그렇게 중요하게 취급되지 못하고
   있다.

✎ 이는 한국어교육이 담당해야 할 여러 가지 것들의 무게로 미루어 짐작할 때
   사실 당연하다고 할 수 있다.

✎ 상대적으로 중요성이 덜해 보이는 것뿐이다.

● 로마자로 적을 때 특별히 고려해야 할 한국어의 소릿값들에는 어떤 것이 있을까?

● 흔히 자주 틀리게 쓰는 것들을 찾아보고 그것들을 잘못 쓰게 되는 원인이 무엇인지 찾아보자.

/ 로마자 표기법은 한국어를 로마자로 적는 것이니 이와 관련된 간단한 원칙만 알고 가면 된다.

/ 모든 원칙에는 예외가 있다. 이에서는 구체적인 용례를 중심으로 예외 사항을 하나씩 확인해 가는 것이 좋은 학습 방법이 될 것이다.

/ 용례를 적는 원리와 예외 규정에 대한 지식을 꼼꼼히 정리해 보자.

〈로마자 표기법〉

제1장 표기의 기본 원칙
제1항 국어의 로마자 표기는 국어의 표준 발음법에 따라 적는 것을 원칙으로 한다.
제2항 로마자 이외의 부호는 되도록 사용하지 않는다.

제2장 표기 일람
제1항 모음은 다음 각호와 같이 적는다.

1. 단모음

ㅏ	ㅓ	ㅗ	ㅜ	ㅡ	ㅣ	ㅐ	ㅔ	ㅚ	ㅟ
a	eo	o	u	eu	i	ae	e	oe	wi

2. 이중 모음

ㅑ	ㅕ	ㅛ	ㅠ	ㅒ	ㅖ	ㅘ	ㅙ	ㅝ	ㅞ	ㅢ
ya	yeo	yo	yu	yae	ye	wa	wae	wo	we	ui

[붙임 1] 'ㅢ'는 'ㅣ'로 소리 나더라도 'ui'로 적는다.
　　(보기) 광희문 Gwanghuimun

[붙임 2] 장모음의 표기는 따로 하지 않는다.

제2항 자음은 다음 각호와 같이 적는다.
1. 파열음

ㄱ	ㄲ	ㅋ	ㄷ	ㄸ	ㅌ	ㅂ	ㅃ	ㅍ
g, k	kk	k	d, t	tt	t	b, p	pp	p

2. 파찰음

ㅈ	ㅉ	ㅊ
j	jj	ch

3. 마찰음

ㅅ	ㅆ	ㅎ
s	ss	h

4. 비음

ㄴ	ㅁ	ㅇ
n	m	ng

5. 유음

ㄹ
r, l

[붙임 1] 'ㄱ, ㄷ, ㅂ'은 모음 앞에서는 'g, d, b'로, 자음 앞이나 어말에서는 'k, t, p'로 적는다.([ ] 안의 발음에 따라 표기함.)

구미	Gumi	영동	Yeongdong
백암	Baegam	옥천	Okcheon
합덕	Hapdeok	호법	Hobeop
월곶[월곧]	Wolgot	벚꽃[벋꼳]	beotkkot
한밭[한받]	Hanbat		

[붙임 2] 'ㄹ'은 모음 앞에서는 'r'로, 자음 앞이나 어말에서는 'l'로 적는다. 단, 'ㄹㄹ'은 'll'로 적는다.

구리	Guri	설악	Seorak
칠곡	Chilgok	임실	Imsil
울릉	Ulleung	대관령[대괄령]	Daegwallyeong

제3장 표기상의 유의점

제1항 음운 변화가 일어날 때에는 변화의 결과에 따라 다음 각 호와 같이 적는다.

1. 자음 사이에서 동화 작용이 일어나는 경우

백마 [뱅마]	Baengma	신문로 [신문노]	Sinmunno	종로 [종노]	Jongno
왕십리 [왕심니]	Wangsimni	별내 [별래]	Byeollae	신라 [실라]	Silla

2. 'ㄴ, ㄹ'이 덧나는 경우

학여울[항녀울]	Hangnyeoul	알약[알략]	allyak

3. 구개음화가 되는 경우

해돋이 [해도지]	haedoji	같이 [가치]	gachi	굳히다 [구치다]	guchida

4. 'ㄱ, ㄷ, ㅂ, ㅈ'이 'ㅎ'과 합하여 거센소리로 소리 나는 경우

좋고[조코]	joko	놓다[노타]	nota
잡혀[자펴]	japyeo	낳지[나치]	nachi

다만, 체언에서 'ㄱ, ㄷ, ㅂ' 뒤에 'ㅎ'이 따를 때에는 'ㅎ'을 밝혀 적는다.

묵호(Mukho)　　집현전(Jiphyeonjeon)

[붙임] 된소리되기는 표기에 반영하지 않는다.

압구정	Apgujeong	낙동강	Nakdonggang	죽변	Jukbyeon
낙성대	Nakseoundae	합정	Hapjeong	팔당	Paldang
샛별	saetbyeol	울산	Ulsan		

제2항 발음상 혼동의 우려가 있을 때에는 음절 사이에 붙임표(-)를 쓸 수 있다.

중앙	Jung-ang	반구대	Ban-gudae
세운	Se-un	해운대	Hae-undae

제3항 고유 명사는 첫 글자를 대문자로 적는다.

부산	Busan	세종	Sejong

제4항 인명은 성과 이름의 순서로 띄어 쓴다. 이름은 붙여 쓰는 것을 원칙으로 하되 음절 사이에 붙임표(-)를 쓰는 것을 허용한다.(( ) 안의 표기를 허용함.)

민용하 Min Yongha (Min Yong-ha), 송나리 Song Nari (Song Na-ri)

1. 이름에서 일어나는 음운 변화는 표기에 반영하지 않는다.

한복남	Han Boknam (Han Bok-nam)	홍빛나	Hong Bitna (Hong Bit-na)

2. 성의 표기는 따로 정한다.

제5항 '도, 시, 군, 구, 읍, 면, 리, 동'의 행정 구역 단위와 '가'는 각각 'do, si, gun, gu, eup, myeon, ri, dong, ga'로 적고, 그 앞에는 붙임표(-)를 넣는다. 붙임표(-) 앞뒤에서 일어나는 음운 변화는 표기에 반영하지 않는다.

제6항 자연 지물명, 문화재명, 인공 축조물명은 붙임표(-) 없이 붙여 쓴다.

제7항 인명, 회사명, 단체명 등은 그동안 써 온 표기를 쓸 수 있다.

제8항 학술 연구 논문 등 특수 분야에서 한글 복원을 전제로 표기할 경우에는 한글표기를 대상으로 적는다. 이때 글자 대응은 제2장을 따르되 'ㄱ, ㄷ, ㅂ, ㄹ'은 'g, d, b, l'로만 적는다. 음가 없는 'ㅇ'은 붙임표(-)로 표기하되 어두에서는 생략하는 것을 원칙으로 한다. 기타 분절의 필요가 있을 때에도 붙임표(-)를 쓴다.

부칙

① (시행일) 이 규정은 고시한 날부터 시행한다.

② (표지판 등에 대한 경과 조치) 이 표기법 시행 당시 종전의 표기법에 의하여 설치된 표지판(도로, 광고물, 문화재 등의 안내판)은 2005. 12. 31.까지 이 표기법을 따라야 한다.

③ (출판물 등에 대한 경과 조치) 이 표기법 시행 당시 종전의 표기법에 의하여 발간된 교과서 등 출판물은 2002. 2. 28.까지 이 표기법을 따라야 한다.

앞으로 우리가 알아야 할 핵심 개념은 이것이다.

유의점	양상

　한국어는 /Hanguk-eo/로 적어야 할까 /Hangugeo/로 적어야 할까? /한국/에 /어/가 붙어 있는 형국이지만 소리 나는 대로 즉, [한구거]를 기준으로 삼아서 적어야 한다. 그러므로 한국어의 로마자 표기는 /Hangugeo/가 맞다.

　이처럼 한국어의 로마자 표기법은 한국어를 '로마자로 읽을 수 있게 해 주는 것'에 대해서 규정해 놓은 것이다. 일종의 표기 규약이고 통일된 원칙과 용례를 정해 놓은 것이다. 이 규정은 당연히 한국어의 표준 발음법에 따라 적는 것을 원칙으로 하고 있고 로마자 이외의 부호는 되도록 사용하지 않는다고 설명하고 있다. 그러니 당연히 음성기호 [ɐ, ɔ, ɕ, ʌ, θ, ʒ] 등은 사용하지 않는다. 우리가 흔히 아는 알파벳 26자를 활용해서 쓴다. 그런데 그나마도 /c, f, q, v, x, z/는 쓰지 않는다. /c/는 /ch/로 /ㅊ/을 나타낼 때만 쓴다. /y, w/ 역시 단독으로는 쓰지 않는다. 이들은 다른 모음 /a, e, o, i/ 등과 어울려 우리말의 단모음 /ㅟ=wi/를 포함하여 다른 이중모음(ㅑ, ㅒ, ㅔ, ㅕ 따위)을 나타낼 때 쓴다.

　표준발음법은 자음과 모음의 발음, 음의 길이, 받침의 발음, 음의 동화, 경음화, 음의 첨가에 대한 규정을 말한다. 그러므로 한국어의 표준발음법에 따라서 적겠다는 원칙은 우리말의 음운 변동이 반영된 발음을 로마자 표기로 삼겠다는 얘기다. 이를 간단히 살펴보면 다음과 같이 된다.

1) 자음 사이에서 동화 작용이 일어나는 경우에는 다음처럼 적는다.

백마[뱅마]Baengma　　　　　신문로[신문노]Sinmunno

종로[종노]Jongno   왕십리[왕심니]Wangsimni

별내[별래]Byeollae   신라[실라]Silla

2) 'ㄴ, ㄹ'이 덧나는 경우에는 다음처럼 적는다.

학여울[항녀울]Hangnyeoul   알약[알략]allyak

3) 구개음화가 되는 경우에는 다음처럼 적는다.

해돋이[해도지]haedoji   같이[가치]gachi

굳히다[구치다]guchida

4) 'ㄱ, ㄷ, ㅂ, ㅈ'이 'ㅎ'과 합하여 거센소리로 소리 나는 경우에는 다음처럼 적는다.

좋고[조코]joko   놓다[노타]nota

잡혀[자펴]japyeo   낳지[나치]nachi

⇒ 이들은 모두 글자 그대로 적지는 않겠다는 얘기다.

★ 그런데 체언에서 'ㄱ, ㄷ, ㅂ' 뒤에 'ㅎ'이 따를 때에는 'ㅎ'을 밝혀 적는
다는 규칙이 있다.

묵호(Mukho)   집현전(Jiphyeonjeon)

⇒ 체언(주로 명사)의 동화는 인정하면서 그것의 격음화는 인정하지 않는
이중적인 태도에 동의하기 어려우나 뭐 어쩌겠는가. 알아 두자.

★ 그리고 다른 음운 변동과는 달리 된소리되기는 표기에 반영하지 않는다.

압구정Apgujeong   낙동강Nakdonggang

죽변Jukbyeon   낙성대Nakseongdae

합정Hapjeong   팔당Paldang

샛별saetbyeol   울산Ulsan

⇒ 로마자 표기로 하기도 힘든 된소리를 굳이 어렵게 적을 필요가 없다는 판단에서다. 이는 그냥 두고 읽어도 별반 차이 없다고 판단해서다.

전개 학습 다음 질문에 대답해 보자.

1 다음 중 로마자 표기법이 옳지 않은 것은?

① 대관령 − Daegwallyeong
② 속리산 − Songnisan
③ 합 덕 − Haptteok
④ 오죽헌 − Ojukheon

여기에서 정답은 ③번이 된다.

로마자 표기법에 맞지 않은 표기를 찾아야 한다.

빨리 정확하게 찾는 것이 중요한데 이를 위해서는 음운변동 즉, 소리 나는 대로 단어를 읽어낼 줄 알아야 한다.

그리고 다시 이것이 규정에 맞는지 확인해 봐야 한다.

제시 표현	발음	규정과 이해
대관령	[대괄령] 글자 '관'의 받침 /ㄴ/이 [ㄹ]로 소리 나게 되었다. 자음 사이에서 일어나는 동화 현상의 하나다.	'ㄹ'은 모음 앞에서는 'r'로, 자음 앞이나 어말에서는 'l'로 적는다. 단, 'ㄹㄹ'은 'll'로 적는다. [대괄령]으로 소리 나므로 Daegwallyeong이 맞다.
속리산	[송니산] 글자 속의 받침 /ㄱ/이 [ㅇ]으로, 리의 /ㄹ/이 [ㄴ]으로 소리 나게 되었다. 자음 사이에서 일어나는 동화 현상의 하나다.	자음 사이에서 동화 작용이 일어나는 경우에는 소리 나는 대로 적는다. 그리고 자연 지물명, 문화재명, 인공 축조물명은 붙임표(-) 없이 붙여 쓴다. [송니산]으로 소리 나므로 Songnisan이 맞다.
합 덕	[합떡] 글자 덕의 /ㄷ/이 [ㄸ]으로 소리 나게 되었다. 자음 사이에서 일어나는 된소리되기 현상이다.	된소리되기는 표기에 반영하지 않는다. 아니 반영해서 적을 필요가 없다. 로마자로 적어 두어도 된소리로 읽을 수 있기 때문이다. 그러므로 Hapdeok으로 적어야 한다.
오죽헌	[오주컨] 글자 죽의 /ㄱ/과 헌의 /ㅎ/이 만나서 [ㅋ]으로 소리 나게 되었다. 자음 사이에서 일어나는 거센소리되기 현상이다.	'ㄱ, ㄷ, ㅂ, ㅈ'이 'ㅎ'과 합하여 거센소리로 소리 나는 경우에는 /k, t, p, ch/로 적는다. 그러면 ~~Ojukeon~~이 맞을 것이다. 그런데 오죽헌은 Ojukheon으로 적는 것이 맞다. 이는 앞서 살펴본 묵호(Mukho)의 경우와 같다.

유의점과 양상

로마자 표기법은 로마자 이외의 부호는 되도록 사용하지 않는다. 발음상 혼동의 우려가 있을 때에는 음절 사이에 붙임표(−)를 쓸 수 있게 한 것과(중앙Jung-ang 반구대Ban-gudae 세운Se-un 해운대Hae-undae) 성명에서 이름의 음절 사이에 붙임표(−)를 쓰는 것을 허용한 것(민용하 Min Yong-ha, 송나리 Song Na-ri), '도, 시, 군, 구, 읍, 면, 리, 동' 등의 행정 구역 단위와 '가'를 각각 'do, si, gun, gu, eup, myeon, ri, dong, ga'로 적고, 그 앞에는 붙임표(−)를 붙이게 한 것이 전부다. **하지만 자연 지물명, 문화재명, 인공 축조물명**(남산Namsan 속리산Songnisan 금강Geumgang)**은 붙임표(−) 없이 붙여 쓴다.**

모음과 자음은 다음처럼 표기한다.

ㅏ	ㅓ	ㅗ	ㅜ	ㅡ	ㅣ	ㅐ	ㅔ	ㅚ	ㅟ	/	ㅑ	ㅕ	ㅛ	ㅠ	ㅒ	ㅖ	ㅘ	ㅙ	ㅝ	ㅞ	ㅢ
a	eo	o	u	eu	i	ae	e	oe	wi	/	ya	yeo	yo	yu	yae	ye	wa	wae	wo	we	ui

ㄱ	ㄲ	ㅋ	ㄷ	ㄸ	ㅌ	ㅂ	ㅃ	ㅍ	/	ㅈ	ㅉ	ㅊ	/	ㅅ	ㅆ	ㅎ	/	ㄴ	ㅁ	ㅇ	/	ㄹ
g, k	kk	k	d, t	tt	t	b, p	pp	p	/	j	jj	ch	/	s	ss	h	/	n	m	ng	/	r, l

한국어의 표준발음법과는 다르게 'ㅢ'는 비록 'ㅣ'로 소리 나더라도 'ui'로 적는다. 광희문Gwanghuimun

'ㄱ, ㄷ, ㅂ'은 모음 앞에서는 'g, d, b'로, 자음 앞이나 어말에서는 'k, t, p'로 적는다.

구미Gumi   영동Yeongdong   백암Baegam

옥천Okcheon   합덕Hapdeok   호법Hobeop

월곶[월곧]Wolgot   벚꽃[벋꼳]beotkkot   한밭[한받]Hanbat

'ㄹ'은 모음 앞에서는 'r'로, 자음 앞이나 어말에서는 'l'로 적는다. 단, 'ㄹㄹ'은 'll'로 적는다.

구리Guri   설악Seorak   칠곡Chilgok

임실Imsil   울릉Ulleung   대관령[대괄령]Daegwallyeong

로마자 표기법은 이것들 외에 또 여러 개의 예외 규정을 가지고 있다. 예를 들면 이런 거다.

5) 장모음의 표기는 따로 하지 않는다.

6) 고유 명사는 첫 글자를 대문자로 적는다. 부산Busan 세종Sejong

7) 인명은 성과 이름의 순서로 띄어 쓴다. 이름은 붙여 쓰는 것을 원칙으로 하되 음절 사이에 붙임표(-)를 쓰는 것을 허용한다.(( ) 안의 표기를 허용함.)

민용하 Min Yongha (Min Yong-ha)

송나리 Song Nari (Song Na-ri)

그런데 이름에서 일어나는 음운 변화는 표기에 반영하지 않는다. 한복남 씨는 [한봉남]으로 소리 나더라도 Han Boknam (Han Bok-nam)으로 적 어야 한다. 홍빛나Hong Bitna (Hong Bit-na) 씨도 마찬가지다.

⇒ 음운 변동을 인정하면 이름의 글자 하나하나를 잘못 인식할 수 있기 때 문이다.

게다가 성(姓)의 표기는 또 별도로 정하고 있다.

⇒ 이는 자기 성을 다양하게 적고자 하는 것을 인정해 주기 위한 규정이다.

8) '도, 시, 군, 구, 읍, 면, 리, 동'의 행정 구역 단위와 '가'는 각각 'do, si, gun, gu, eup, myeon, ri, dong, ga'로 적고, 그 앞에는 붙임표(-)를 넣는다. 붙임표(-) 앞뒤에서 일어나는 음운 변화는 표기에 반영하지 않는다.

충청북도Chungcheongbuk-do   제주도Jeju-do

의정부시Uijeongbu-si   양주군Yangju-gun

도봉구Dobong-gu   신창읍Sinchang-eup

삼죽면Samjuk-myeon   인왕리Inwang-ri

당산동Dangsan-dong   봉천 1동Bongcheon 1(il)-dong

종로 2가Jongno 2(i)-ga   퇴계로 3가Toegyero 3(sam)-ga

⇒ 사실 봉천 1동은 [봉처닐똥]처럼 소리 난다. 이걸 그냥 -dong으로 적겠다는 거다.

'시, 군, 읍'의 행정 구역 단위 즉, 'do, si, gun, gu, eup, myeon, ri, dong, ga'는 생략할 수 있다.

청주시Cheongju   함평군Hampyeong   순창읍Sunchang

9) 자연 지물명, 문화재명, 인공 축조물명은 붙임표(-) 없이 붙여 쓴다.

남산Namsan   속리산Songnisan

금강Geumgang   독도Dokdo

경복궁Gyeongbokgung   무량수전Muryangsujeon

연화교Yeonhwagyo   극락전Geungnakjeon

안압지Anapji   남한산성Namhansanseong

종묘Jongmyo   오죽헌Ojukheon

불국사Bulguksa   현충사Hyeonchungsa

다보탑Dabotap   독립문Dongnimmun

촉석루Chokseongnu   화랑대Hwarangdae

⇒ 산, 강, 도, 궁, 전, 교, 지, 산성, 대, 사, 문, 헌, 루, 묘, 탑 등은 이미
앞의 단어와 단단히(?) 결합하여 띄어 쓸 이유가 없다고 본 것이다.

10) 인명, 회사명, 단체명 등은 그동안 써 온 표기를 쓸 수 있다.

⇒ 10여년도 전(2000년)에 규정을 만들면서 고유한 표현들을 바꾸지 않아
도 되는 단서 하나를 달아 두었다.

11) 학술 연구 논문 등 특수 분야에서 한글 복원을 전제로 표기할 경우에는 한글
표기를 대상으로 적는다. 이때 글자 대응은 제2장을 따르되 'ㄱ, ㄷ, ㅂ, ㄹ'은
'g, d, b, l'로만 적는다. 음가 없는 'ㅇ'은 붙임표(-)로 표기하되 어두에서는
생략하는 것을 원칙으로 한다. 기타 분절의 필요가 있을 때에도 붙임표(-)를
쓴다.

집jib   짚jip   밖bakk   값gabs

붓꽃buskkoch   먹는meogneun   독립doglib   문리munli

물엿mul-yeos   가곡gagog   좋다johda   굳이gud-i

조랑말jolangmal   없었습니다eobs-eoss-seubnida

⇒ 이는 학술 연구에는 글자를 이루는 음소 하나하나가 중요하다고 보았기
때문이다.

1 로마자 표기가 옳지 않은 것을 포함하고 있는 것은?

① Jeju(제주), Busan(부산), Daegu(대구)
② Daejeon(대전), Gimpo(김포), Yeouido(여의도)
③ haedoji(해돋이), joko(좋고), allyak(알약)
④ Nakddonggang(낙동강), Geumgang(금강), Yeongsangang(영산강)

제시 표현	발음	규정과 이해

외래어 표기법과 로마자 표기법이 맞는 것으로만 묶인 것은?

① gas – 가스   전주(지명) – Jeonjoo
② center – 센터   서산(지명) – Seosan
③ frypan – 후라이팬   원주(지명) – Wonju
④ jumper – 점퍼   청계천(지명) – Chonggyechon

제시 표현	발음	규정과 이해

3 로마자 표기법에서 붙임표(‒)의 사용에 대한 설명으로 옳지 않은 것은?

① 발음상의 혼동의 우려가 있을 때에는 음절 사이에 붙임표(-)를 쓸 수 있다
(예: Se-un).

② 사람 이름은 붙여 쓰는 것을 원칙으로 하되 음절 사이에 붙임표(-)를 쓰는 것
을 허용한다(예: Yong-ha).

③ 자연 지물명, 문화재명, 인공 축조물명은 의미를 분명하게 알 수 있도록 붙임
표(-)를 넣어 쓴다(예: Songni-san).

④ '도, 시, 군, 구, 읍, 면, 리, 동'의 행정구역 단위 앞에는 붙임표(-)를 넣지만
(예: Yangju-gun) '시, 군, 읍'의 단위는 생략할 수 있다(예: Yangju).

제시 표현	발음	규정과 이해

로마자 표기법의 원리는 다른 어떤 규정보다 명확하고 분명하고 간단하다. 확실하게 기억해 두고 다양한 양상을 접해 두는 것이 중요하다. 그리고 다른 규정들과 마찬가지로 일반적인 것보다 특별한 것에 집중해야 한다.

누구나 안다고 생각하는 것일수록 고민하지 않게 되기 쉽고 그럴수록 당연히도, 오류를 범할 가능성은 커진다.

풀이 1

제시 표현	발음	규정과 이해
Jeju(제주), Busan(부산), Daegu(대구)	[제주] [부산] [대구]	고유 명사는 첫 글자를 대문자로 적는다. 또한 'ㄱ, ㄷ, ㅂ'은 모음 앞에서는 'g, d, b'로, 자음 앞이나 어말에서는 'k, t, p'로 적는다.
Daejeon(대전), Gimpo(김포), Yeouido(여의도)	[대전] [김포] [여의도/ 여이도]	고유 명사는 첫 글자를 대문자로 적는다. 또한 'ㄱ, ㄷ, ㅂ'은 모음 앞에서는 'g, d, b'로, 자음 앞이나 어말에서는 'k, t, p'로 적는다. 그리고 'ㅢ'는 'ㅣ'로 소리 나더라도 'ui'로 적는다.
haedoji(해돋이), joko(좋고), allyak(알약)	[해도지] [조코] [알략]	'해돋이'처럼 구개음화가 되는 경우, '좋고'처럼 'ㄱ, ㄷ, ㅂ, ㅈ'이 'ㅎ'과 합하여 거센소리로 소리 나는 경우, 그리고 '알약'처럼 'ㄴ, ㄹ'이 덧나는 경우에는 음운 변화를 외래어 표기에 반영한다.
Nakddonggang(낙동강), Geumgang(금강), Yeongsangang(영산강)	[낙똥강] [금ː강] [영산강]	장모음의 표기는 따로 하지 않기에 '금강'은 'Geumgang'이 바른 표기이다. 그리고 '영산강'은 'Yeongsangan'으로 쓰는 게 맞다. 하지만 '낙동강'은 'Nakdonggang'으로 써야한다. 외래어 표기법에서는 된소리되기는 표기에 반영하지 않기 때문이다.

제시 표현	발음	규정과 이해
gas – 가스, 전주(지명) – Jeonjoo	[gas] [전주]	'gas'는 '가스'가 바른 표기이다. '까스'나 '캐스'로 적지 않도록 주의하자. 외래어 표기법에서는 된소리표기를 인정하지 않는 것을 원칙으로 한다. 모음 'ㅜ'는 'u'로 적기 때문에 '전주(지명)'는 'Jeonju'로 적어야 한다.
center – 센터, 서산(지명) – Seosan	[séntər] [서산]	'center'는 '센터'로 적어야 하며 '센타'로 적지 않도록 주의하자. '서산(지명)'은 'Seosan'으로 바르게 표기했다.
frypan – 후라이팬, 원주(지명) – Wonju	[fraipæn] [원주]	[f]는 'ㅍ'로 적어야 한다. 그러므로 '후라이팬'은 '프라이팬'으로 적어야 바른 표기다. 원주(지명)은 'Wonju'이 바른 표기가 맞다.
jumper – 점퍼, 청계천(지명)–Chong gyechon	[dʒʌmpər] [청계천/ 청계천]	jumper'는 '점퍼'가 바른 표기이다. '잠바'도 맞다. 청계천은 'Cheonggyecheon'로 적어야 올바른 표현이 된다.

제시 표현	규정과 이해
발음상의 혼동의 우려가 있을 때에는 음절 사이에 붙임표(–)를 쓸 수 있다.	〈로마자 표기법〉 제3장 표기상의 유의점 제2항 발음상 혼동의 우려가 있을 때에는 음절 사이에 붙임표(–)를 쓸 수 있다. → 올바른 설명이다.
사람 이름은 붙여 쓰는 것을 원칙으로 하되 음절 사이에 붙임표(–)를 쓰는 것을 허용한다.	〈로마자 표기법〉 제3장 제4항 인명은 성과 이름의 순서로 띄어 쓴다. 이름은 붙여 쓰는 것을 원칙으로 하되 음절 사이에 붙임표(–)를 쓰는 것을 허용한다. → 올바른 설명이다.
자연 지물명, 문화재명, 인공 축조물명은 의미를 분명하게 알 수 있도록 붙임표(–)를 넣어 쓴다. (예: Songni–san).	〈로마자 표기법〉 제3장 제6항 자연 지물명, 문화재명, 인공 축조물명은 붙임표(–) 없이 붙여 쓴다. → 틀린 설명이다. 속리산은 'Songnisan'으로 적어야 올바른 표현이 된다.

제시 표현	규정과 이해
'도, 시, 군, 구, 읍, 면, 리, 동'의 행정 구역 단위 앞에는 붙임표(-)를 넣지만 '시, 군, 읍'의 단위는 생략할 수 있다.	〈로마자 표기법〉 제3장 제5항 '도, 시, 군, 구, 읍, 면, 리, 동'의 행정 구역 단위와 '가'는 각각 'do, si, gun, gu, eup, myeon, ri, dong, ga'로 적고, 그 앞에는 붙임표(-)를 넣는다. 붙임표(-) 앞뒤에서 일어나는 음운 변화는 표기에 반영하지 않는다. [붙임] '시, 군, 읍'의 행정 구역 단위는 생략할 수 있다. → 올바른 설명이다.

☞ **로마자 표기에 관한 연구물을 찾아보고**
한국어교육에서 로마자 표기 지식이 왜 중요한지를
간단하게 정리해 보시오.

오늘 우리가 오고가던 거리에 로마자로 표기된 것들이 과연 얼마나 많이 있었을까? 앞으로는 한번 눈여겨보자. 특히 거리의 이정표에는 로마자가 빠지지 않았을 것이다.

우리말을 전달하는 새로운 방식으로 로마자를 활용하는 방식에 대해서 한번 고민해 보자.

일주일 동안 눈에 보이는 모든 것에 신경을 써 보자. 그리고 시간이 남는다면 이 주제와 관련된 논문을 한 편 또는 여러 편 읽고 자신의 생각을 한번 정리해 보자.

한국어교육 현장에서 로마자 표기 내용과 지식은 과연 교육적으로 어떤 의미를 갖고 있는지 생각해 보자.

강의 게시판에 올리고 다른 동학들의 생각은 어떠한지 비교해 보자.

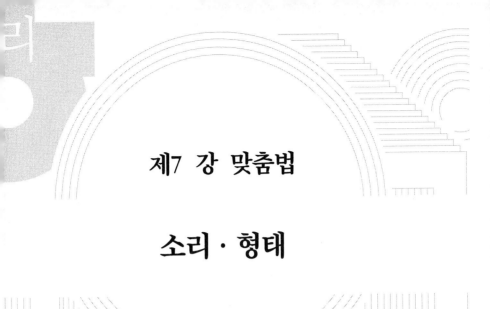

제7 강 맞춤법

소리 · 형태

제7 강 맞춤법: 소리 · 형태

🔖 국어 규범 중에서 '한글맞춤법'의 소리와 형태의 중요성은 어떠한지 자신의
생각을 간단하게 정리해 보자.

🔖 우리는 앞서 소리와 형태에 관계된 것들을 학습하면서 올바른 표현에 대해
서 이미 배웠다. 그런데 그것은 '표준어와 표준발음'의 측면에서 학습한 것이
었다.

🔖 이에서는 한글맞춤법에 대해서 항목별로 필요한 것들만 추려서 정리해 보기
로 하자.

🔖 맞춤법은 생각보다 광범위하다. 한국어교육 현장에서 가장 중요하기도 하고
유용하기도 한 영역이어서 꽤나 자주, 그리고 많이 신경을 써야 하는 부분이기
도 하다.

● 올바르게 적는다는 것은 올바른 표현이 어떤 것인지 안다는 것이다. 단어는 끊임없이 그 사용역에서 변화한다. '자장면'에 '짜장면'이 더해지고 '괴발개발'에 '개발새발'이 더해지기도 했다. 그렇다면 맞춤법에 맞게 쓰기 위해서는 합의된 표현들을 그때그때 어떻게 확인해야 할까?

/ 한국어를 적는 올바른 표기의 원리와 방식은 생각보다 잘 정리되어 있다. 하지만 그것이 크게 정리된 시점이 1988년이어서6) 사실 지금 바라보면 별 문제가 안 되는 것들을 왜 정리해 두었나 하는 생각이 들기도 한다.

/ 버릴 것은 버리고 남겨야 할 것들을 중점에 두고 원리를 이해해 보기로 하자.

/ 외래어나 로마자, 표준어 규정과 함께 〈한글맞춤법〉의 원리와 방식을 적절한 예를 중심으로 알아두는 것은 '참 적절한 교양 지식의 갖춤'이라고 할 수 있다.

〈한글맞춤법〉

제1장 총칙
제1항 한글 맞춤법은 표준어를 소리대로 적되, 어법에 맞도록 함을 원칙으로 한다.
제2항 문장의 각 단어는 띄어 씀을 원칙으로 한다.
제3항 외래어는 '외래어 표기법'에 따라 적는다.

제2장 자모
제4항 한글 자모의 수는 스물넉 자로 하고, 그 순서와 이름은 다음과 같이 정한다.

---

6) 「한글 맞춤법」은 문체부 고시 제88-1호(1988. 1. 19.)를 거쳐 한동안 일부 개정안인 문체부 고시 세2014-39호(2014. 12. 5.)를 따랐다. 현재에는 한글 맞춤법(문화체육관광부고시 제2017-12호 (2017. 3. 28.)]를 따르고 있다.

제3장 소리에 관한 것

제1절 된소리
제5항 한 단어 안에서 뚜렷한 까닭 없이 나는 된소리는 다음 음절의 첫소리를 된소리로 적는다.

제2절 구개음화
제6항 'ㄷ, ㅌ' 받침 뒤에 종속적 관계를 가진 '- 이(-)'나 '- 히 -'가 올 적에는, 그 'ㄷ, ㅌ'이 'ㅈ, ㅊ'으로 소리 나더라도 'ㄷ, ㅌ'으로 적는다.(ㄱ을 취하고, ㄴ을 버림.)

제3절 'ㄷ' 소리 받침
제7항 'ㄷ' 소리로 나는 받침 중에서 'ㄷ'으로 적을 근거가 없는 것은 'ㅅ'으로 적는다.

제4절 모음
제8항 '계, 례, 몌, 폐, 혜'의 'ㅖ'는 'ㅔ'로 소리 나는 경우가 있더라도 'ㅖ'로 적는다. (ㄱ을 취하고, ㄴ을 버림.)

제9항 '의'나, 자음을 첫소리로 가지고 있는 음절의 'ㅢ'는 'ㅣ'로 소리 나는 경우가 있더라도 'ㅢ'로 적는다. (ㄱ을 취하고, ㄴ을 버림.)

제5절 두음 법칙
제10항 한자음 '녀, 뇨, 뉴, 니'가 단어 첫머리에 올 적에는, 두음 법칙에 따라 '여, 요, 유, 이'로 적는다. (ㄱ을 취하고, ㄴ을 버림.)

제11항 한자음 '랴, 려, 례, 료, 류, 리'가 단어의 첫머리에 올 적에는, 두음 법칙에 따라 '야, 여, 예, 요, 유, 이'로 적는다.(ㄱ을 취하고, ㄴ을 버림.)

제12항 한자음 '라, 래, 로, 뢰, 루, 르'가 단어의 첫머리에 올 적에는, 두음 법칙에 따라 '나, 내, 노, 뇌, 누, 느'로 적는다.(ㄱ을 취하고, ㄴ을 버림.)

제6절 겹쳐 나는 소리
제13항 한 단어 안에서 같은 음절이나 비슷한 음절이 겹쳐 나는 부분은 같은 글자로 적는다.(ㄱ을 취하고, ㄴ을 버림.)

제4장 형태에 관한 것

제1절 체언과 조사
제14항 체언은 조사와 구별하여 적는다.

제2절 어간과 어미
제15항 용언의 어간과 어미는 구별하여 적는다.

제16항 어간의 끝음절 모음이 'ㅏ, ㅗ'일 때에는 어미를 '- 아'로 적고, 그 밖의 모음일 때에는 '- 어'로 적는다.

제17항 어미 뒤에 덧붙는 조사 '요'는 '요'로 적는다.

제18항 다음과 같은 용언들은 어미가 바뀔 경우, 그 어간이나 어미가 원칙에 벗어나면 벗어나는 대로 적는다.

제3절 접미사가 붙어서 된 말
제19항 어간에 '-이'나 '-음/- ㅁ'이 붙어서 명사로 된 것과 '-이'나 '-히'가 붙어서 부사로 된 것은 그 어간의 원형을 밝히어 적는다.

제20항 명사 뒤에 '-이'가 붙어서 된 말은 그 명사의 원형을 밝히어 적는다.

제21항 명사나 혹은 용언의 어간 뒤에 자음으로 시작된 접미사가 붙어서 된 말은 그 명사나 어간의 원형을 밝히어 적는다.

제22항 용언의 어간에 다음과 같은 접미사들이 붙어서 이루어진 말들은 그 어간을 밝히어 적는다.

제23항 '-하다'나 '-거리다'가 붙는 어근에 '-이'가 붙어서 명사가 된 것은 그 원형을 밝히어 적는다.(ㄱ을 취하고, ㄴ을 버림.)

제24항 '-거리다'가 붙을 수 있는 시늉말 어근에 '-이다'가 붙어서 된 용언은 그 어근을 밝히어 적는다.(ㄱ을 취하고, ㄴ을 버림.)

제25항 '-하다'가 붙는 어근에 '-히'나 '-이'가 붙어서 부사가 되거나, 부사에 '-이'가 붙어서 뜻을 더하는 경우에는 그 어근이나 부사의 원형을 밝히어 적는다.

제26항 '-하다'나 '-없다'가 붙어서 된 용언은 그 '-하다'나 '-없다'를 밝히어 적는다.

제4절 합성어 및 접두사가 붙은 말
제27항 둘 이상의 단어기 서울리거나 접두사가 붙어서 이루어진 말은 각각 그 원형을 밝히어 적는다.

제28항 끝소리가 'ㄹ'인 말과 딴 말이 어울릴 적에 'ㄹ' 소리가 나지 아니하는 것은 아니 나는 대로 적는다.

제29항 끝소리가 'ㄹ'인 말과 딴 말이 어울릴 적에 'ㄹ' 소리가 'ㄷ' 소리로 나는 것은 'ㄷ'으로 적는다.

제30항 사이시옷은 다음과 같은 경우에 받치어 적는다.

제31항 두 말이 어울릴 적에 'ㅂ' 소리나 'ㅎ' 소리가 덧나는 것은 소리대로 적는다.

제5절 준말

제32항 단어의 끝모음이 줄어지고 자음만 남은 것은 그 앞의 음절에 받침으로 적는다.

제33항 체언과 조사가 어울려 줄어지는 경우에는 준 대로 적는다.

제34항 모음 'ㅏ, ㅓ'로 끝난 어간에 '-아/-어, -았-/-었-'이 어울릴 적에는 준 대로 적는다.

제35항 모음 'ㅗ, ㅜ'로 끝난 어간에 '-아/-어, -았-/-었-'이 어울려 'ㅘ/ㅝ, 왔/웠'으로 될 적 에는 준 대로 적는다.

제36항 'ㅣ' 뒤에 '-어'가 와서 'ㅕ'로 줄 적에는 준 대로 적는다.

제37항 'ㅏ, ㅕ, ㅗ, ㅜ, ㅡ'로 끝난 어간에 '-이-'가 와서 각각 'ㅐ, ㅖ, ㅚ, ㅟ, ㅢ'로 줄 적에는 준 대로 적는다.

제38항 'ㅏ, ㅗ, ㅜ, ㅡ' 뒤에 '-이어'가 어울려 줄어질 적에는 준 대로 적는다.

제39항 어미 '-지' 뒤에 '않 -'이 어울려 '-잖-'이 될 적과 '-하지' 뒤에 '않 -'이 어울려 '-찮-'이 될 적에는 준 대로 적는다.

제40항 어간의 끝음절 '하'의 'ㅏ'가 줄고 'ㅎ'이 다음 음절의 첫소리와 어울려 거센소리로 될 적에는 거센소리로 적는다.

앞으로 우리가 알아야 할 핵심 개념은 이것이다.

○ 소리	○ 형태

말은 소리다. 소리는 분절되는 형상으로 환언되지 않으면 적을 수 없다. 그래서 닭 우는 소리는 나라마다 다르다. 닭이 꼭 그렇게 울지는 않겠으나, 우리나라 닭은 '꼬끼오~' 하고 울고 독일 닭은 '[키케리키kikeriki]', 미국 닭은 '[콕 두들 두cock-a-doodle-doo]', 스페인 닭은 '[코코리코cocorico]' 하고 운다. 사실 이들 의성어는 들리는 대로 적는 방식을 찾았다기보다는 적는 방식에 길들여진 대로 들은 것을 적었다고 봐야 한다. 이처럼 저마다 다른 언어 습관에 따라서 '분절'하는 방식이 다르다.

한국어의 소리는 한글로 적는다. 한글의 자모 체계를 기준으로 하여 옳고 바르다는 것을 원리로 만들고 이를 소리로 적는 법을 규정으로 만들어 둔 것이 한글맞춤법 제3장 소리에 관한 것이다. 이에서는 '된소리, 구개음화, ㄷ소리 받침, 모음, 두음 법칙, 겹쳐 나는 소리'에 관해서 정리하고 있다.

그리고 한글맞춤법 제4장 형태에 관한 것에서는 단어의 합성과 파생, 조사와 어미의 결합을 다루고 있는데 이에서는 '체언과 조사, 어간과 어미, 접미사가 붙어서 된 말, 합성어 및 접두사가 붙어서 된 말, 준말'을 각각 정리해 두고 있다. 체언과 조사, 어간과 어미에 관한 것은 앞서 살펴보았다.

소리와 형태에 관한 규정은 세세한 원리와 함께 다양한 예를 보여주고 있으므로 익히고 뽐내기에 내기 아주 좋은 질료라고 할 수 있다. 고민할 필요도 없이 규정에 기대면 되기 때문이다.

사전에 올릴 적의 자음(19개) 모음(21개) 순서와 이름은 다음과 같다. 한번 휙 훑어보자.

ㄱ(기역) ㄲ(**쌍기역**) ㄴ(니은) ㄷ(디귿) ㄸ(**쌍디귿**) ㄹ(리을) ㅁ(미음) ㅂ(비읍) ㅃ(**쌍비읍**) ㅅ(시옷) ㅆ(**쌍시옷**) ㅇ(이응) ㅈ(지읒) ㅉ(**쌍지읒**) ㅊ(치읓) ㅋ(키읔) ㅌ(티읕) ㅍ(피읖) ㅎ(히읗)

ㅏ(아) ㅐ(**애**) ㅑ(야) ㅒ(**얘**) ㅓ(어) ㅔ(**에**) ㅕ(여) ㅖ(**예**) ㅗ(오) ㅘ(**와**) ㅙ(**왜**) ㅚ(**외**) ㅛ(요) ㅜ(우) ㅝ(**워**) ㅞ(**웨**) ㅟ(**위**) ㅠ(유) ㅡ(으) ㅢ(**의**) ㅣ(이)

⇒ 굵은 글씨의 자모는 기본자들을 어울러서 만든 것이다.

앞서 살펴본 것을 다시 한 번 정리해 보자. 조사를 띄어 쓰는 것처럼 '가다, 가고, 가니, 가서'에서 보듯 당연히도 용언의 어간과 어미도 구별하여 적는다. 이때 '막아, 막아도, 막아서'처럼 어간의 끝음절 모음이 'ㅏ, ㅗ'일 때에는 어미를 '-아'로 적고, '되어, 쉬어, 저어, 희어, 희어도'처럼 그 밖의 모음일 때에는 '-어'로 적는다. 모음조화(母音調和)의 규칙을 가장 잘 지키는 부분이다. 물론 예외도 있다. 그리고 다음과 같은 용언들은 어미가 바뀔 경우, 그 어간이나 어미가 원칙에 벗어나면 벗어나는 대로 적는다.

갈다	가니	간	갑니다	가시다	가오
놀다	노니	논	놉니다	노시다	노오
불다	부니	분	붑니다	부시다	부오
긋다	그어	그으니	그었다		
낫다	나아	나으니	나았다		
잇다	이어	이으니	이었다		
그렇다	그러니	그럴	그러면	그러오	
까맣다	까마니	까말	까마면	까마오	

하얗다	하야니	하얄	하야면	하야오	
푸다	퍼	펐다	끄다	꺼	껐다
뜨다	떠	떴다	크다	커	컸다
담그다	담가	담갔다	고프다	고파	고팠다
걷다[步]	걸어	걸으니	걸었다		
듣다[聽]	들어	들으니	들었다		
싣다[載]	실어	실으니	실었다		
굽다[炙]	구워	구우니	구웠다		
가깝다	가까워	가까우니	가까웠다		
쉽다	쉬워	쉬우니	쉬웠다		
하다	하여	하여서	하여도	하여라	하였다
이르다[至]	이르러	이르렀다	노르다	노르러	노르렀다
누르다	누르러	누르렀다	푸르다	푸르러	푸르렀다
가르다:	갈라	갈랐다	부르다:	불러	불렀다
거르다:	걸러	걸렀다	오르다:	올라	올랐다

⇒ '마지못하다, 마지않다, (하)다마다, (하)자마자, (하)지 마라, (하)지 마(아)' 같은 말에서도 'ㄹ'이 준 대로 적는다.

⇒ '돕다, 곱다'처럼 같은 단음절 어간에 어미 '−아'가 결합되면 '−와'로 적는다. 이들은 'ㅂ' 불규칙 중 예외로 활용되는 단어들이다.

이 외에도 접미사가 붙어서 된 말에 관한 규정과 합성어와 접두사가 붙은 말에 관한 규정, 그리고 준말에 관한 규정은 한번 확인할 만한 규정이다. 그 중 다음과 같은 것들은 헷갈리기 쉬운 것들이니 확인하고 가자.

'급히, 꾸준히, 도저히, 딱히, 어렴풋이, 깨끗이'처럼 '−하다'를 붙여서 만드는 단어의 어근에는 '−히'나 '−이'가 붙는다. '−하다'가 붙지 않는 경우에는 '갑자기, 반드시(꼭), 슬며시'처럼 소리대로 적어야 한다.

⇒ '도저히'에 하다가 붙은 단어는 '도저하다(到底−−)'인데, 이는 형용사로서 '학식이나 생각, 기술 따위가 아주 깊다'라는 뜻으로 '학문이 도저하다/의술이 도저하다'처럼 쓴다. 이와 함께 '행동이나 몸가짐이 빗나가지 않고 곧아서 훌륭하다'의 의미로도 쓸 수 있다.

'다달이(달−달−이), 따님(딸−님), 바느질(바늘−질)'처럼 끝소리가 'ㄹ'인 말과 다른 말이 어울릴 때에 'ㄹ' 소리가 나지 않은 현상이 있다. 이때에는 소리 나지 않는 형태를 그대로 적는다. 왜냐고 묻지 말아 달라. '달님'이 '다님'이 아닌 것을 보면 딱히 원칙이라고 보기도 어렵다.

'반짇고리(바느질∼), 사흗날(사흘∼), 삼짇날(삼질∼), 섣달(설∼), 숟가락(술∼)'처럼 끝소리가 'ㄹ'인 말과 다른 말이 어울릴 때에 'ㄹ' 소리가 'ㄷ' 소리로 나는 현상도 있다.

1 다음 한글 맞춤법 총칙 제1항의 원칙에 따라 〈보기〉의 예를 옳게 구분한 것은?

> 한글 맞춤법은 표준어를 소리대로 적되, 어법에 맞도록 함을 원칙으로 한다.

〈보 기〉

ㄱ. 지붕	ㄴ. 의논	ㄷ. 타향살이
ㄹ. 오세요	ㅁ. 합격률	ㅂ. 붙이다

	'소리대로 적은 원칙'에 따른 예	'어법에 맞도록 한 원칙'에 따른 예
①	ㄱ, ㄴ, ㄹ	ㄷ, ㅁ, ㅂ
②	ㄱ, ㄴ, ㅁ	ㄷ, ㄹ, ㅂ
③	ㄴ, ㄹ, ㅂ	ㄱ, ㄷ, ㅁ
④	ㄷ, ㅁ, ㅂ	ㄱ, ㄴ, ㄹ

여기에서 정답은 ①번이 된다. 표준어를 소리대로 적는 것과 어법에 맞도록 한다는 것을 이해하고 있다면 꽤나 쉽고 빠르게 풀 수 있는 문제다.

제시 표현의 분석	원칙 적용	이해
지붕 ← 집+웅	원래 '집웅'으로 써야 할 것을 소리 나는 대로 '지붕'으로 적고 있다.	
의논 ← 의+론	의논(議論)은 원래 한자인 의와 론이 합쳐진 단어다. '의론'으로 써야 할 것을 소리 나는 대로 '의논'으로 적고 있다.	
타향살이 ← 타향+살이	'타향'과 '살다'의 명사형 '살이'가 합쳐진 단어다. [사리]로 소리 나지만 '살이'로 밝혀 적고 있다. 어법에 맞도록 한 원칙을 따르고 있다.	
오세요 ← 오-세요	'오다'의 어간 '오-'에 '-세요'가 결합한 형태이다. '이다'의 어간, 받침 없는 용언의 어간 또는 'ㄹ' 받침인 용언의 어간 뒤에 붙는다. 해요할 자리에 쓰여, 설명·의문·명령·요청의 뜻을 나타내는 종결 어미. 어미 '-시-'와 '-어요'가 결합한 말이다. 이것은 소리 나는 대로 적은 것처럼 보이지만 어법에 맞도록 한 원칙을 따르고 있다. 용언의 어간과 어미를 구별하여 적는다는 규정을 따른다.	
합격률 ← 합격+율	합격(合格)과 율(率)이 결합한 단어인데 실제 발음은 [합꼉뉼]이 된다. 어법에 맞도록 한 원칙을 따르고 있다.	
붙이다 ← 붙-이-다	'붙다'에 사동접사 '-이-'가 붙어 형성된 단어다. [부치다]로 소리 나는 것을 '붙이다'로 어원을 밝혀 적고 있다. 어법에 맞도록 한 원칙을 따르고 있다.	

소리	형태

'꾀꼬리, 메뚜기, 부뚜막: 두 모음 사이, 잔뜩, 살짝, 담뿍, 몽땅: 'ㄴ, ㄹ, ㅁ, ㅇ' 받침 뒤'처럼 한 단어 안에서 뚜렷한 까닭 없이 나는 된소리는 다음 음절의 첫소리를 된소리로 적는 게 원칙이다.

'국수, 깍두기, 딱지, 밥솥, 입산'처럼 'ㄱ, ㅂ' 받침 뒤에서 나는 된소리는 자연스럽게 된소리로 발음되므로, 같은 음절이나 비슷한 음절이 겹쳐 나는 경우가 아니면 된소리로 적지 않는다.

'맏이, 핥이다, 해돋이, 걷히다, 묻히다'처럼 'ㄷ, ㅌ' 받침 뒤에 종속적 관계를 가진 '- 이(-)'나 '- 히 -'가 올 적에는 'ㄷ, ㅌ'으로 적는다. 소리 나는 대로 적으면 틀린다.

'계수(桂樹), 혜택(惠澤), 폐품(廢品)'처럼 '계, 례, 몌, 폐, 혜'의 'ㅖ'는 'ㅖ'로 소리 나더라도 'ㅖ'로 적는다. 단, 게송(偈頌), 게시판(揭示板), 휴게실(休憩室)은 '게'로 적는다.

앞서 보았듯 '의의(意義), 본의(本義), 무늬[紋], 하늬바람, 늴리리, 닁큼, 씌어, 틔어'처럼 쓰이는 '의'는 'ㅣ'로 소리 나더라도 'ㅢ'로 적는다. 이때 자음을 첫소리로 가지고 있는 음절의 'ㅢ'는 [ㅣ]로 발음해야 한다. 이건 [ㅢ]로 절대 발음할 수 없다. 그리고 '주의[주의/주이]'와 '우리의[우리의/우리에]'처럼 단어의 첫음절 이외의 '의'는 [이]로, 조사 '의'는 [에]로 발음할 수 있다. 여기에서도 [의]가 원칙이고 [이/에]는 허용이라는 것을 분명히 알아 두어야 한다.

'여자(女子), 연세(年歲), 요소(尿素)'처럼 한자음 '녀, 뇨, 뉴, 니'가 단어 첫머리에 올 적에는 두음 법칙에 따라 '여, 요, 유, 이'로 적는다. 다만, '냥(兩), 냥쭝(兩-), 년(年)'과 같은 의존 명사에서는 '냐, 녀' 음을 인정한다. '신여성(新女性), 공염불(空念佛), 남존여비(男尊女卑)'처럼 접두사처럼 쓰이는 한자가 붙어서 된 말이나 합성어에서는 두음 법칙에 따라서 적는다. '한국여자대학, 대한요소비료회사'처럼 둘 이상의 단어로 이루어진 고유 명사를 붙여 쓰는 경우에도 두음 법칙에 따라서 적는다. 이는 첫소리에 오는 /ㄴ/을 /ㅇ/으로 써야 한다는 것을 원칙으로 정해둔 것이다.

'양심(良心), 역사(歷史), 유행(流行)'처럼 한자음 '랴, 려, 례, 료, 류, 리'가 단어의 첫머리에 올 적에도 두음 법칙에 따라 '야, 여, 예, 요, 유, 이'로 적는다. 다만, '리(里): 몇 리냐?, 리(理): 그럴 리가 없다.'처럼 쓰이는 의존 명사는 본음대로 적는다. 아! 모음이나 'ㄴ' 받침 뒤에 이어지는 '렬, 률'은 '열, 율'로 적는다. 진열(陳列), 비율(比率)과 백분율(百分率)만 기억하자. 두음법칙은 성과 이름에서는 꽤나 관대하게 적용된다.

외자로 된 이름을 성에 붙여 쓸 경우에는 '신립(申砬), 최린(崔麟), 채륜(蔡倫)'처럼 본음대로 적을 수 있다(잘 보자. '적어야 한다'가 아니다.). 더하여 '국련(국제연합), 대한교련(대한교육연합회)'처럼 준말에서 본음으로 소리 나는 것은 본음대로 적는다. 그리고 접두사처럼 쓰이는 한자가 붙어서 된 말이나 합성어 즉, '역이용(逆利用), 연이율(年利率), 해외여행(海外旅行)' 등에서, 뒷말의 첫소리가 'ㄴ' 또는 'ㄹ' 소리로 나더라도 두음 법칙에 따라서 적어야 한다. '서울여관, 육천육백육십육(六千六百六十六)'처럼 둘 이상의 단어로 이루어진 고유 명사를 붙여 쓰는 경우나 십진법에 따라 쓰는 수(數)의 경우에도 마찬가지다.

⇒ 이것 외에도 'ㄷ' 소리 받침이나 겹쳐 나는 소리에 대한 것도 있다. 시간 나면 획 한번 확인해 보자.

1 어문 규정에 모두 맞게 표기된 문장은?

① 휴게실 안이 너무 시끄러웠다.
② 오늘은 웬지 기분이 좋습니다.
③ 밤을 세워 시험공부를 했습니다.
④ 아까는 어찌나 배가 고프던지 아무 생각도 안 나더라.

제시 표현의 분석	원칙 적용과 이해

2 밑줄 친 단어 중 우리말의 어문 규정에 따라 맞게 쓴 것은?

① <u>윗층</u>에 가 보니 전망이 정말 좋다.
② <u>뒷편</u>에 정말 오래된 감나무가 서 있다.
③ 그 일에 <u>익숙지</u> 못하면 그만 두자.
④ <u>생각컨대</u>, 그 대답은 옳지 않을 듯하다.

제시 표현의 분석	원칙 적용과 이해

1

제시 표현의 분석	원칙 적용과 이해
휴계실	→ 휴게실(○). '휴게실(休憩室)'은 한자 '게(憩)'는 본음이 '게'이다.
웬지	→ 왠지(○). '왜인지'의 준말로 '왜 그런지 모르게. 또는 뚜렷한 이유도 없이'의 의미를 지닌다. '웬지'로 쓰지 않도록 주의하자.
세워	→ 새워(○). 한숨도 자지 아니하고 밤을 지내다는 의미로 동사 '새우다'를 써야한다. '세우다'로 착각하지 않도록 주의하자.
고프던지	현재형으로 쓰는 '-든지'는 선택을 의미한다. 과거의 회상으로 쓰인 이 경우에는 '-던지'가 맞다.

2

제시 표현의 분석	원칙 적용과 이해
윗층	→ 위층(○). 거센소리 앞에서는 '윗'이 아니라 '위'를 써야 올바른 표현이 된다.
뒷편	→ 뒤편(○). 거센소리 앞에서는 '뒷'이 아니라 '뒤'를 써야 올바르다. • 거센소리가 있을 때에는 덧나는 사잇소리를 밝혀 적을 필요가 없다.
익숙지	'하다' 앞에 어근의 발음이 안울림소리 'ㄱ, ㄷ, ㅂ'으로 끝나면, '하'를 통째로 줄여서 쓸 수 있다. 그렇기에 '익숙하지'는 '익숙지'로 쓰는 것이 올바른 표현이 된다.
생각컨대	→ 생각건대(○). '하다' 앞에 어근의 발음이 안울림소리 'ㄱ, ㄷ, ㅂ'으로 끝나면, '하'를 통째로 줄여 쓸 수 있다. 그렇기에 '생각하건대'는 '생각건대'로 쓰는 것이 올바른 표현이 된다.

☞ **맞춤법의 소리와 형태에 관한 연구물을 찾아보고**
 한국어교육에서 맞춤법의 소리와 형태 지식이 왜 중요한지를
 간단하게 정리해 보시오.

 한국어 교재에는 생각보다 많은(?) 오류가 있다.

 단순 오기도 있지만 적절하지 않은 단어를 부려 쓴 것도 있고, 기본적인 맞춤법을 틀리게 쓴 것도 종종 보인다. 고백하자면 저자가 쓴 어떤 교재에도 '세균 증식'이 어울릴 자리에 '감염'으로 잘못 적어두기도 했다.

 앞으로 여러분이 접하는 모든 교재를 꼼꼼히 비판적인 입장에서 살펴보자. 잘못된 것들은 마치 다른 그림 찾기처럼 잘 숨어 있게 마련이다. 그러니 비판적으로 봐야 보인다.

 한국어 교재에도 오류가 있을진대 하물며 다른 기록물들은 어떠하겠는가.

 자신들이 찾은 것을 강의 게시판에 올리고 다른 동학들은 어떤 것을 찾았는지 한번 살펴보자.

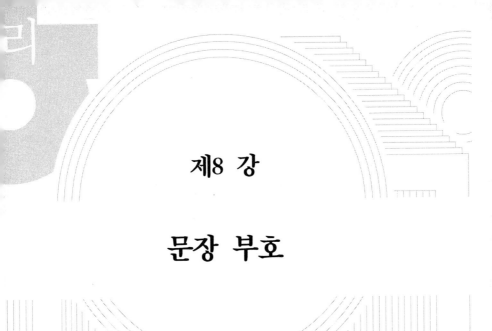

제8 강

문장 부호

제8 강: 문장 부호

🔖 문장을 문장으로 존재하게 하는 마지막 관문은 문장 부호라고 할 수 있다. 자신이 알고 있는 문장 부호의 종류와 기능을 간단히 정리해 보자.

🔖 사실 문장의 완성은 문장 부호를 얼마나 잘 부려 쓰느냐에 달려 있다. 다양한 문장 부호를 적재적소에 쓰는 것만으로도 문장의 완성도가 높아진다.

🔖 문장부호는 생각보다 어렵지 않다. 우리가 흔히 아는 것들의 명칭과 기능을 확인해 두는 것으로 충분하다.

🔖 이에서는 문장부호의 명칭과 기능을 종합적으로 확인해 보기로 하자.

● 문장 부호는 글에서 문장의 구조를 드러내거나 글쓴이의 의도를 전달하기 위하여 사용하는 것이다. 이는 약속된 부호이기 때문에 언어마다 딱히 다를 이유는 없다. 그렇다면 한국어를 교수학습하는 현장에서 문장 부호는 무엇에 중점을 두고 가르쳐야 할지 생각해 보자.

〈문장 부호〉

1. 마침표(.)
(1) 서술, 명령, 청유 등을 나타내는 문장의 끝에 쓴다.
(2) 아라비아 숫자만으로 연월일을 표시할 때 쓴다.
(3) 특정한 의미가 있는 날을 표시할 때 월과 일을 나타내는 아라비아 숫자 사이에 쓴다.
(4) 장, 절, 항 등을 표시하는 문자나 숫자 다음에 쓴다.

2. 물음표(?)
(1) 의문문이나 의문을 나타내는 어구의 끝에 쓴다.
(2) 특정한 어구의 내용에 대하여 의심, 빈정거림 등을 표시할 때, 또는 적절한 말을 쓰기 어려울 때 소괄호 안에 쓴다.
(3) 모르거나 불확실한 내용임을 나타낼 때 쓴다.

3. 느낌표(!)
(1) 감탄문이나 감탄사의 끝에 쓴다.
(2) 특별히 강한 느낌을 나타내는 어구, 평서문, 명령문, 청유문에 쓴다.
(3) 물음의 말로 놀람이나 항의의 뜻을 나타내는 경우에 쓴다.
(4) 감정을 넣어 대답하거나 다른 사람을 부를 때 쓴다.

4. 쉼표(,)
(1) 같은 자격의 어구를 열거할 때 그 사이에 쓴다.
(2) 짝을 지어 구별할 때 쓴다.

(3) 이웃하는 수를 개략적으로 나타낼 때 쓴다.

(4) 열거의 순서를 나타내는 어구 다음에 쓴다.

(5) 문장의 연결 관계를 분명히 하고자 할 때 절과 절 사이에 쓴다.

(6) 같은 말이 되풀이되는 것을 피하기 위하여 일정한 부분을 줄여서 열거할 때 쓴다.

(7) 부르거나 대답하는 말 뒤에 쓴다.

(8) 한 문장 안에서 앞말을 '곧', '다시 말해' 등과 같은 어구로 다시 설명할 때 앞말 다음에 쓴다.

(9) 문장 앞부분에서 조사 없이 쓰인 제시어나 주제어의 뒤에 쓴다.

(10) 한 문장에 같은 의미의 어구가 반복될 때 앞에 오는 어구 다음에 쓴다.

(11) 도치문에서 도치된 어구들 사이에 쓴다.

(12) 바로 다음 말과 직접적인 관계에 있지 않음을 나타낼 때 쓴다.

(13) 문장 중간에 끼어든 어구의 앞뒤에 쓴다.

(14) 특별한 효과를 위해 끊어 읽는 곳을 나타낼 때 쓴다.

(15) 짧게 더듬는 말을 표시할 때 쓴다.

5. 가운뎃점(·)
(1) 열거할 어구들을 일정한 기준으로 묶어서 나타낼 때 쓴다.

(2) 짝을 이루는 어구들 사이에 쓴다.

(3) 공통 성분을 줄여서 하나의 어구로 묶을 때 쓴다.

6. 쌍점(:)
(1) 표제 다음에 해당 항목을 들거나 설명을 붙일 때 쓴다.

(2) 희곡 등에서 대화 내용을 제시할 때 말하는 이와 말한 내용 사이에 쓴다.

(3) 시와 분, 장과 절 등을 구별할 때 쓴다.

(4) 의존명사 '대'가 쓰일 자리에 쓴다.

7. 빗금(/)
(1) 대비되는 두 개 이상의 어구를 묶어 나타낼 때 그 사이에 쓴다.

(2) 기준 단위당 수량을 표시할 때 해당 수량과 기준 단위 사이에 쓴다.

(3) 시의 행이 바뀌는 부분임을 나타낼 때 쓴다.

8. 큰따옴표(" ")
(1) 글 가운데에서 직접 대화를 표시할 때 쓴다.
(2) 말이나 글을 직접 인용할 때 쓴다.

9. 작은따옴표(' ')
(1) 인용한 말 안에 있는 인용한 말을 나타낼 때 쓴다.
(2) 마음속으로 한 말을 적을 때 쓴다.

10. 소괄호(( ))
(1) 주석이나 보충적인 내용을 덧붙일 때 쓴다.
(2) 우리말 표기와 원어 표기를 아울러 보일 때 쓴다.
(3) 생략할 수 있는 요소임을 나타낼 때 쓴다.
(4) 희곡 등 대화를 적은 글에서 동작이나 분위기, 상태를 드러낼 때 쓴다.
(5) 내용이 들어갈 자리임을 나타낼 때 쓴다.
(6) 항목의 순서나 종류를 나타내는 숫자나 문자 등에 쓴다.

11. 중괄호({ })
(1) 같은 범주에 속하는 여러 요소를 세로로 묶어서 보일 때 쓴다.
(2) 열거된 항목 중 어느 하나가 자유롭게 선택될 수 있음을 보일 때 쓴다.

12. 대괄호([ ])
(1) 괄호 안에 또 괄호를 쓸 필요가 있을 때 바깥쪽의 괄호로 쓴다.
(2) 고유어에 대응하는 한자어를 함께 보일 때 쓴다.
(3) 원문에 대한 이해를 돕기 위해 설명이나 논평 등을 덧붙일 때 쓴다.

13. 겹낫표(『 』)와 겹화살괄호(≪ ≫)
책의 제목이나 신문 이름 등을 나타낼 때 쓴다.

14. 홑낫표(「 」)와 홑화살괄호(〈 〉)
소제목, 그림이나 노래와 같은 예술 작품의 제목, 상호, 법률, 규정 등을 나타낼 때 쓴다.

15. 줄표(—)
제목 다음에 표시하는 부제의 앞뒤에 쓴다.

16. 붙임표(-)
(1) 차례대로 이어지는 내용을 하나로 묶어 열거할 때 각 어구 사이에 쓴다.
(2) 두 개 이상의 어구가 밀접한 관련이 있음을 나타내고자 할 때 쓴다.

17. 물결표(~)
기간이나 거리 또는 범위를 나타낼 때 쓴다.

18. 드러냄표(˙)와 밑줄(＿)
문장 내용 중에서 주의가 미쳐야 할 곳이나 중요한 부분을 특별히 드러내 보일
때 쓴다.

19. 숨김표(○, ×)
(1) 금기어나 공공연히 쓰기 어려운 비속어임을 나타낼 때, 그 글자의 수효만큼
    쓴다.
(2) 비밀을 유지해야 하거나 밝힐 수 없는 사항임을 나타낼 때 쓴다.

20. 빠짐표(□)
(1) 옛 비문이나 문헌 등에서 글자가 분명하지 않을 때 그 글자의 수효만큼 쓴다.
(2) 글자가 들어가야 할 자리를 나타낼 때 쓴다.

21. 줄임표(……)
(1) 할 말을 줄였을 때 쓴다.
(2) 말이 없음을 나타낼 때 쓴다.
(3) 문장이나 글의 일부를 생략할 때 쓴다.
(4) 머뭇거림을 보일 때 쓴다.

앞으로 우리가 알아야 할 핵심 개념은 이것이다.

> ○　　　　　**알아야 비로소 완성되는 문장부호**

마침표

① 그는 "지금 바로 떠나자"라고 말하며 서둘러 짐을 챙겼다.

② 결과에 연연하지 않고 끝까지 최선을 다하기

③ 꺼진 불도 다시 보자

④ 1919. 3. 1.　　　　10. 1.~10. 12.

⑤ 3.1 운동　　　　3·1 운동

⑥ Ⅰ. 서론　　　　1. 연구 목적　　　　1.1. 연구...

마침표는 '온점'이라고 불러도 된다. 문장의 일반적인 종결에 쓰면 된다. 그런데 직접 인용한 문장의 끝에서는 ①처럼 마침표를 생략해도 된다. ②처럼 용언의 명사형이나 명사로 끝나는 문장에서도 쓰지 않는 것이 허용된다. ③처럼 제목이나 표어에는 쓰지 않는 게 원칙이다. ④처럼 숫자 다음에는 반드시 적어야 한다. 물결표와 어울려 쓸 적에도 찍어야 한다. ⑤처럼 특정한 의미가 있는 날에 쓸 적에는 가운뎃점과 바꾸어 쓸 수 있다. ⑥처럼 장, 절, 항 등을 표시하는 문자나 숫자 다음에 써야 한다. 숫자의 마지막에 반드시 찍어야 하는 것이니까 1.1처럼 끝내면 안 된다.

물음표와 느낌표

⑦ 도대체 이 일을 어쩐단 말이냐.　　　어, 벌써 끝났네.

⑧ 30점이라, 거참 훌륭한(?) 성적이군.

의문이나 감탄의 문장 끝에 쓰는 이들 부호는 ⑦처럼 그 정도가 약할 때는 물음표/느낌표 대신 마침표를 쓸 수 있다. 물음표의 경우 특정한 어구의 내용에 대하여 의심, 빈정거림 등을 표시할 때, 또는 적절한 말을 쓰기 어려울 때에는 ⑧처럼 소괄호 안에 쓴다.

쉼표

⑨ 나는, 솔직히 말하면, 그 말이 별로 탐탁지 않아. = 나는 — 솔직히 말하면 — 그 말이 별로 탐탁지 않아.

'반점'으로 불러도 되는 '쉼표'는 앞의 규정 4처럼 쓰인다. 그런데 정리된 상황에 쓰거나 문장 중간에 끼어든 어구의 앞뒤에 쓰는 ⑨의 경우에는 줄표(—)와 바꿔 쓸 수 있다.

가운뎃점(·), 쌍점(:), 빗금(/)

⑩ 하천 수질의 조사·분석 = 하천 수질의 조사, 분석
⑪ 상·중·하위권 = 상, 중, 하위권
⑫ 오전 10:20(오전 10시 20분)　　청군:백군(청군 대 백군)
⑬ 금메달/은메달/동메달　　100미터/초

열거할 어구들을 일정한 기준으로 묶어서 나타낼 때 쓰는 가운뎃점은 ⑩처럼 짝을 이루는 어구들 사이에 쓰는 경우에는 가운뎃점을 쓰지 않거나 쉼표를 쓸 수도 있다. ⑪처럼 공통 성분을 줄여서 하나의 어구로 묶을 때 쓰는 경우에도 마찬가지이다.

주로 표제 다음에 해당 항목을 들거나 설명을 붙일 때 쓰는 쌍점은 앞은 붙여 쓰고 뒤는 띄어 써야 한다. 다만 ⑫처럼 쓰는 경우에는 쌍점의 앞뒤를 붙여 써야 한다.

대비되는 두 개 이상의 어구를 묶어 나타낼 때 쓰거나 기준 단위당 수량을 표시할 때 해당 수량과 기준 단위 사이에 쓰는 빗금은 시의 행이 바뀌는 부분임을 나타낼 때 쓰는 경우가 아니라면 ⑬처럼 앞뒤를 붙여 써야 한다.

겹낫표(『　』)와 겹화살괄호(≪　≫), 홑낫표(「　」)와 홑화살괄호(〈　〉)

⑭ 우리나라 최초의 민간 신문은 1896년에 창간된 『독립신문』이다. = "독립신문"이다.

⑮ 사무실 밖에 「해와 달」이라고 쓴 간판을 달았다. = '해와 달'이라고 쓴…

책의 제목이나 신문 이름 등을 나타낼 때 쓰는 겹낫표나 겹화살괄호는 ⑭처럼 그 대신에 큰따옴표를, 소제목, 그림이나 노래와 같은 예술 작품의 제목, 상호, 법률, 규정 등을 나타낼 때 쓰는 홑낫표(「　」)와 홑화살괄호(〈　〉)는 ⑮처럼 그 대신에 작은따옴표를 쓸 수 있다.

줄표(—), 물결표(~), 드러냄표(˙)와 밑줄(＿)

⑯ '환경 보호 — 숲 가꾸기 —'라는 제목으로 글짓기를 했다. = '환경 보호—숲 가꾸기—'라는

⑰ '환경 보호 — 숲 가꾸기'라는 제목으로 글짓기를 했다.

⑱ 9월 15일~9월 25일 = 9월 15일-9월 25일

⑲ 한글의 본디 이름은 훈민정음이다. = '훈민정음'이다.

제목 다음에 표시하는 부제의 앞뒤에 쓰는 줄표의 앞뒤는 띄어 쓰는 것을 원칙으로 하되, ⑯처럼 붙여 쓰는 것을 허용한다. ⑰처럼 뒤에 오는 줄표는 생략이 가능하다. 기간이나 거리 또는 범위를 나타낼 때 쓰는 물결표는 그 앞뒤를 붙여 써야 하고 ⑱처럼 붙임표(-)를 대신 쓸 수 있다. 문장 내용 중에

서 주의가 미쳐야 할 곳이나 중요한 부분을 특별히 드러내 보일 때 쓰는 드러
냄표와 밑줄 대신 ⑲처럼 작은따옴표를 쓸 수 있다.

줄임표(……)

⑳ "어디 나하고 한번……." 하고 민수가 나섰다.

㉑ "우리는 모두…… 그러니까…… 예외 없이 눈물만…… 흘렸다."

㉒ "어디 나하고 한번……." 하고 민수가 나섰다.

"실은…… 저 사람…… 우리 아저씨일지 몰라."

㉓ "어디 나하고 한번…." 하고 민수가 나섰다.

"실은… 저 사람… 우리 아저씨일지 몰라."

㉔ '고유'라는 말은 문자 그대로 본디부터 있었다는 뜻은 **아닙니다.** ……
같은 역사적 환경에서 공동의 집단생활을 영위해 오는 동안 공동으로
발견된…

할 말을 줄였을 때 또는 말이 없음을 나타낼 때 쓰는 줄임표는 문장의 종결
에 쓰이는 경우에 ⑳처럼 마침표와 함께 써야 한다. 문장이나 글의 일부를
생략할 때 또는 머뭇거림을 보일 때 쓰는 경우에는 당연히 ㉑처럼 마침표를
쓰지 않는다. ㉒처럼 가운데에 찍는 대신 아래쪽에 찍을 수도 있다. ㉓처럼
여섯 점을 찍는 대신 세 점을 찍을 수도 있다. 줄임표는 앞말에 붙여 쓴다.
다만, ㉓처럼 문장이나 글의 일부를 생략할 때 쓰는 경우에는 ㉔처럼 줄임표
의 앞뒤를 띄어 써야 한다.

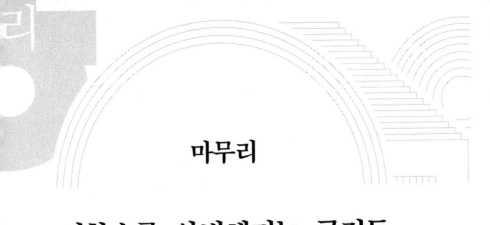

마무리

더할수록 완벽해지는 규정들

그동안 익혔던 규정을 되새겨 보자. 우리는 지금까지 조사와 의존 명사의 띄어쓰기, 어미와 접사를 중점에 둔 맞춤법 양상과 올바른 표현 구별하기, 모음의 발음과 받침의 발음, 음의 변화, 어휘 선택 변화, 외래어와 로마자 표기의 원리와 양상 등등... 이에 더하여 표준어로 승격한 표현들과 문장부호까지 알아보았다.

이 책에 규정을 죄다 담는 것은 불가능해 보였고 그럴 필요도 없었지만 한 단계 한 단계 밟아오면서 국립국어원 누리집(korean.go.kr)을 펼쳐보았기에, 대충이나마 규정 전부를 훑어볼 수 있었다. 그러니 여러분은 이제 한국어 규범에 적어도 주눅은 들지 않게 되었을 것으로 확신한다. 앞으로도 조금이라도 궁금하면 '게임 한 판' 할 시간에 '규정 한 번' 더 보는 습관을 갖도록 하자.

규정은 시시각각 변한다. 주지하듯 한글맞춤법과 표준어규정은 1988년에 개정 고시되었고 크고 작게 바뀌어 왔다. 특히 2011년과 2014년에는 '짜장면, 먹거리(2011: 39개), 개기다, 딴지(2014: 13개)'처럼 그때까지 틀린 표현으로 쓰이던 몇몇의 단어들을 표준어로 인정하기도 했다. 게다가 알게 모르게 몇몇의 의미는 확대 수정되기도 했다. 다음 단어들은 표준어인가 아닌가? 표시해 보자.

개기다/개개다	꼬시다/꾀다	놀잇감/장난감
딴지/딴죽	사그라들다/사그라지다	허접하다/허접스럽다
섬찟/섬뜩	속앓이/속병	눈두덩이/눈두덩
굽신/굽실	먹거리/먹을거리	메꾸다/메우다
손주/손자(孫子)	연신/연방	어리숙하다/어수룩하다
떨구다/떨어뜨리다	횡하니/횡허케	내음/냄새
눈꼬리/눈초리	뜨락/뜰	

1 다음 중 어문 규정(규범)에 맞는 것으로만 묶인 것은?

① 출산율, 자장면, 타슈켄트(Tashkent)
② 갯수, 숫양, 모차르트(Mozart)
③ 휴게소, 깊숙이, 컨셉트(concept)
④ 제삿날, 통틀어, 호치민(Hô Chi Minh)

이를 익숙해진 정리법에 따라서 풀어보면 다음처럼 될 것이다.

제시 표현	규정 적용	이해
출산율	한글맞춤법 소리에 관한 규정을 따른다.	'비율, 백분율'처럼 모음이나 'ㄴ' 받침 뒤에 이어지는 '렬, 률'은 '열, 율'로 적는다.
자장면	짜장면, 자장면	2011년 8월에 인정된 복수 표준어이다.
갯수 숫양 제삿날	한글맞춤법 사잇소리 규정을 따른다. 한자어 6개 숫양, 숫염소, 숫쥐 한자어+순우리말의 합성	한자어로 이루어진 단어 중 사잇소리를 적는 것은 숫자, 곳간, 횟수, 찻간, 곳간, 툇간 이 6개뿐이다. 수놈을 일컫는 표현 중 양, 염소, 쥐만 숫을 쓴다. 제사+날의 합성에서 사잇소리가 덧난다.
휴게소	한글맞춤법 소리에 관한 규정을 따른다.	계, 례, 몌, 폐, 혜의 'ㅖ'는 'ㅔ'로 소리 나더라도 'ㅖ'로 적는다. 예외 '게양, 게시판, 휴게소'
통틀어	그냥 맞는 표현이다.	헷갈리기 쉽다. *모자르다〉모자라다, *치르다〉치르다' 등이 있다.
타슈켄트 모차르트 컨셉트 호치민	외래어 표기법을 따른다. 컨셉트 〉 콘셉트 호치민 〉 호찌민 (게다가 이건 로마자도 틀렸다.)	컨셉트의 바른 표기는 콘셉트이다. 원어 표기는 Ho Chi Minh[胡志明]이 맞다. 호찌민(O), 호치민(X), 오치민(X), 호쉬민(X), 오쉬민(X)
깊숙이	한글맞춤법 형태에 관한 규정을 따른다.	일일이, 낱낱이, 깨끗이, 조용히, 열심히 등등의 단어를 구분히여 정리해 두면 좋다.

알면 완벽해지는 규정들

한글맞춤법 제32항부터 40항까지는 준말에 관한 것인데 그 중에서 눈여겨 봐야 할 것은 다음과 같다.

어미 '- 지' 뒤에 '않 -'이 어울려 '- 잖 -'이 될 적과 '- 하지' 뒤에 '않 -'이 어울려 '- 찮 -'이 될 적에는 준 대로 적는다.

그렇지 않은 그렇잖은 / 만만하지 않다 만만찮다 / 적지 않은 적잖은 / 변변하지 않다 변변찮다

어간의 끝음절 '하'의 'ㅏ'가 줄고 'ㅎ'이 다음 음절의 첫소리와 어울려 거센소리로 될 적에는 거센소리로 적는다.

간편하게 간편케 / 다정하다 다정타 / 연구하도록 연구토록 / 정결하다 정결타 / 가하다 가타 / 흔하다 흔타

어간의 끝음절 '하'가 아주 줄 적에는 준 대로 적는다.

거북하지 거북지 / 생각하건대 생각건대 / 생각하다 못해 생각다 못해 / 깨끗하지 않다 깨끗지 않다 / 넉넉하지 않다 넉넉지 않다 / 못하지 않다 못지않다 / 섭섭하지 않다 섭섭지 않다 / 익숙하지 않다 익숙지 않다

소리에 관한 규정으로 알아 두어야 할 것은 "제53항 다음과 같은 어미는 예사소리로 적는다.(ㄱ을 취하고, ㄴ을 버림.)"이다.

ㄱ	ㄴ	ㄱ	ㄴ	ㄱ	ㄴ
-(으)ㄹ거나	-(으)ㄹ꺼나	-(으)ㄹ수록	-(으)ㄹ쑤록	-(으)ㄹ지어다	-(으)ㄹ찌어다
-(으)ㄹ걸	-(으)ㄹ껄	-(으)ㄹ시	-(으)ㄹ씨	-(으)ㄹ지언정	-(으)ㄹ찌언정
-(으)ㄹ게	-(으)ㄹ께	-(으)ㄹ지	-(으)ㄹ찌	-(으)ㄹ진대	-(으)ㄹ찐대
-(으)ㄹ세	-(으)ㄹ쎄	-(으)ㄹ지니라	-(으)ㄹ찌니라	-(으)ㄹ진저	-(으)ㄹ찐저
-(으)ㄹ세라	-(으)ㄹ쎄라	-(으)ㄹ지라도	-(으)ㄹ찌라도	-올시다	-올씨다

이때에도 "의문을 나타내는 어미"들은 된소리로 적는다. 이건 중요하다.

-(으)ㄹ까?   -(으)ㄹ꼬?   -(스)ㅂ니까?   -(으)리까?   -(으)ㄹ쏘냐?

다음 말들은 각각 구별하여 적어야 한다. 차근차근 예문과 함께 읽어보자.

가름	둘로 가름.	거치다	영월을 거쳐 왔다.
갈음	새 책상으로 갈음하였다.	걷히다	외상값이 잘 걷힌다.
거름	풀을 썩힌 거름.	노름	노름판이 벌어졌다.
걸음	빠른 걸음.	놀음(놀이)	즐거운 놀음.
걷잡다	걷잡을 수 없는 상태.	느리다	진도가 너무 느리다.
겉잡다	겉잡아서 이틀 걸릴 일.	늘이다	고무줄을 늘인다.
그러므로 (그러니까)	그는 부지런하다. 그러므로 잘 산다.	늘리다	수출량을 더 늘린다.
그럼으로(써)	(그렇게 하는 것으로) 그는 열심히 공부한다. 그럼으로(써) 은혜에 보답한다.	다치다	부주의로 손을 다쳤다.
		닫히다	문이 저절로 닫혔다.
다리다	옷을 다린다.	닫치다	문을 힘껏 닫쳤다.
달이다	약을 달인다.	바치다	나라를 위해 목숨을 바쳤다.
마치다	벌써 일을 마쳤다.	받치다	우산을 받치고 간다. 책받침을 받친다.
맞히다	여러 문제를 더 맞혔다.	받히다	쇠뿔에 받혔다.
목거리	목거리가 덧났다.	밭치다	술을 체에 밭친다.
목걸이	금 목걸이, 은 목걸이.	반드시	약속은 반드시 지켜라.

부딪치다	차와 차가 마주 부딪쳤다.	반듯이	고개를 반듯이 들어라.
부딪히다	마차가 화물차에 부딪혔다.	시키다	일을 시킨다.
부치다	힘이 부치는 일이다.	식히다	끓인 물을 식힌다.
	편지를 부친다.	아름	세 아름 되는 둘레.
	논밭을 부친다.	알음	전부터 알음이 있는 사이.
	빈대떡을 부친다.	앎	앎이 힘이다.
	식목일에 부치는 글.	안치다	밥을 안친다.
	회의에 부치는 안건.	앉히다	윗자리에 앉힌다.
	인쇄에 부치는 원고.	어름	두 물건의 어름에서 일어난 현상.
	삼촌 집에 숙식을 부친다.	얼음	얼음이 얼었다.
붙이다	우표를 붙인다.	이따가	이따가 오너라.
	책상을 벽에 붙였다.	있다가	돈은 있다가도 없다.
	흥정을 붙인다.	저리다	다친 다리가 저린다.
	불을 붙인다.	절이다	김장 배추를 절인다.
	감시원을 붙인다.	조리다	생선을 조린다. 통조림, 병조림.
	조건을 붙인다.	졸이다	마음을 졸인다.
	취미를 붙인다.	주리다	여러 날을 주렸다.
	별명을 붙인다.	줄이다	비용을 줄인다.
하노라고	하노라고 한 것이 이 모양이다.	-(으)리만큼(어미)	나를 미워하리만큼 그에게 잘못한 일이 없다.
하느라고	공부하느라고 밤을 새웠다.	-(으)ㄹ이만큼	찬성할 이도 반대할 이만큼이나 많을 것이다.
-느니보다(어미)	나를 찾아오느니보다 집에 있거라.	(으)로서(자격)	사람으로서 그럴 수는 없다.
-는 이보다	오는 이가 가는 이보다 많다.	(으)로써(수단)	닭으로써 꿩을 대신했다.
-(으)러(목적)	공부하러 간다.	-(으)므로(어미)	그가 나를 믿으므로 나도 그를 믿는다.
-(으)려(의도)	서울 가려 한다.	(-ㅁ, -음)으로(써)	그는 믿음으로(써) 산 보람을 느꼈다.

합성어 및 파생어에서, 앞 단어나 접두사의 끝이 자음이고 뒤 단어나 접미사의 첫음절이 '이, 야, 여, 요, 유'인 경우에는, 'ㄴ' 음을 첨가하여 [니, 냐, 녀, 뇨, 뉴]로 발음한다.

솜-이불[솜:니불] 홑-이불[혼니불] 막-일[망닐]
삯-일[상닐]   맨-입[맨닙]   꽃-잎[꼰닙]
내복 약[내:봉냑] 한-여름[한녀름] 남존-여비[남존녀비]
신-여성[신녀성] 색-연필[생년필] 직행-차[지캥녈차]
늑막-염[능망념] 콩-엿[콩녇]   담-요[담:뇨]
눈-요기[눈뇨기] 영업-용[영엄뇽] 식용-유[시굥뉴]
국민-윤리[궁민뉼리] 밤-윷[밤:뉻]

사이시옷이 붙은 단어는 다음과 같이 발음한다.

1. 'ㄱ, ㄷ, ㅂ, ㅅ, ㅈ'으로 시작하는 단어 앞에 사이시옷이 올 때는 이들 자음만을 된소리로 발음하는 것을 원칙으로 하되, 사이시옷을 [ㄷ]으로 발음하는 것도 허용한다.

냇가[내:까/낻:까] 샛길[새:낄/샏:낄] 빨랫돌[빨래똘/빨랟똘]
콧등[코뜽/콛뜽] 깃발[기빨/긷빨] 대 밥[대:빱/댇:빱]
햇살[해쌀/핻쌀] 뱃속[배쏙/밷쏙] 뱃전[배쩐/밷쩐]
고갯짓[고개찓/고갣찓]

2. 사이시옷 뒤에 'ㄴ, ㅁ'이 결합되는 경우에는 [ㄴ]으로 발음한다.

콧날[콛날→콘날]   아랫니[아랟니→아랜니]
툇마루[퇻:마루→퇸:마루] 뱃머리[밷머리→밴머리]

3. 사이시옷 뒤에 '이' 음이 결합되는 경우에는 [ㄴㄴ]으로 발음한다.

베갯잇[베갣닏→베갠닏]　　깻잎[깬닙→깬닙]
나뭇잎[나묻닙→나문닙]　　도리깻열[도리깯녈→도리깬녈]
뒷윷[뒫ː늋→뒨ː늋]

• 이미 잘 알고 있듯이 수컷을 이르는 접두사는 '수-'로 통일한다. 다만 양, 염소, 쥐는 각각 숫양, 숫-염소, 숫-쥐로 적는다.

2011년과 2014년에 새로이 표준어로 추가된 것들은 다음과 같다.

추가 표준어	기존 표준어	추가 표준어	기존 표준어	추가 표준어	기존 표준어
간지럽히다	간질이다	~길래	~기에	끄적거리다	끼적거리다
구안와사	구안괘사	남사스럽다	남우세스럽다	개발새발	괴발개발
두리뭉실하다	두루뭉술하다	굽신'	굽실	등물	목물
나래	날개	내음	냄새	맨숭맨숭	맨송맨송
맨날	만날	눈두덩이	눈두덩	맹숭맹숭	
못자리	묏자리	눈꼬리	눈초리	바둥바둥	바동바동
삐지다	삐치다	초장초	작장초	복숭아뼈	복사뼈
떨구다	떨어뜨리다	새초롬하다	새치름하다	개기다	개개다
세간살이	세간	뜨락	뜰	아웅다웅	아옹다옹
꼬시다	꾀다	놀잇감	장난감	딴지	딴죽
쌉싸름하다	쌉싸래하다	먹거리	먹을거리	야멸차다	야멸치다
토란대	고운대	메꾸다	메우다	오손도손	오순도순
허접쓰레기	허섭스레기	손주	손자(孫子)	찌뿌둥하다	찌뿌듯하다
사그라들다	사그라지다	섬찟'	섬뜩	속앓이	속병
흙담	토담	어리숙하다	어수룩하다	추근거리다	치근거리다
택견	태껸	연신	연방	짜장면	자장면
품새	품세	휭하니	힁허케	걸리적거리다	거치적거리다
허접하다	허접스럽다				

- '섬찟'과 '굽신'이 표준어로 인정됨에 따라, '섬찟하다, 섬찟섬찟, 섬찟섬 찟하다'나 '굽신거리다, 굽신대다, 굽신하다, 굽신굽신, 굽신굽신하다' 등도 표준어로 함께 인정되었다.
- '휭허케'는 '휭하니'를 예스럽게 이르는 말이다.

국립국어원에서는 우리 사회 곳곳에서 쓰이는 생소한 외국어(외래어가 섞여 쓰이기도 한다.) 표현을 우리말 표현으로 다듬고 있다. 이것도 가끔 눈여겨 봐 둘 만하다.

외국어 표현	다듬은 우리말 표현	외국어 표현	다듬은 우리말 표현
트렌드 세터	유행 선도자	원데이 클래스	일일 강좌
디스펜서	(정량) 공급기	디톡스	해독 (요법)
디퓨저	방향기	싱크홀	함몰구멍, 땅꺼짐
업사이클링	새활용	캐노피	덮지붕
셰어 하우스	공유 주택	크로스핏	고강도복합운동
골든타임	황금 시간	피티	퍼스널 트레이닝, 일대일맞춤운동

☞ **한국어교육에서 규범이 반영된 연구 목록을 정리하고 현재의 시점까지 어떻게 연구되어 왔는지 그 경향을 비판적으로 살펴보자.**

→ 하나의 주제를 선정하여 자신의 생각을 정리해 보자.

→ 모둠 또는 각자 정리한 것들을 발표해 보고 동학들은 어떻게 생각하는지 토의해 보자.

→ 배웠으니 티를 내어 보자. 발표문에 비문은 없는지, 규정에 어긋나는 표현은 없는지 잘 고민해 보자.

→ 주변에서 규범에 어긋난 발화(발음), 표기를 하고 있다면 어떻게 고쳐줄 것인지 생각해 보자.

→ 외국인 학습자들에게 어떻게 오류를 교정해 주어야 할지 고민해 보자.

실전연습과 해설

1 밑줄 친 단어가 맞춤법에 맞는 것은?

① 어머니는 나의 간절한 <u>바람</u>을 들어주지 않았다.
② 나라 <u>안밖</u>에서 피난민을 위한 성금을 모금하였다.
③ 철수와 나는 한시도 떨어질 수 없는 <u>막연한</u> 친구였다.
④ 매점 앞 <u>계시판</u>에는 학생들이 원하는 과자 이름이 가득 적혀 있다.

2 외래어 표기법으로 옳지 않은 것은?

① 파일 (file) ② 초콜릿 (chocolate)
③ 플래카드 (placard) ④ 까페 (café)

3 밑줄 친 부분의 띄어쓰기가 맞지 않는 것은?

① 내일은 비가 올 지 모르겠다.
② 이집 저집 다녀 봐도 좋은 집이 없다.
③ 이분은 장관 겸 부총리이다.
④ 그 노래는 들을 만하다.

4 밑줄 친 어휘가 적절하게 쓰이지 않은 것은?

① 싱그러운 봄나물이 입맛을 <u>돋우었다</u>.
② 불길이 <u>걷잡을</u> 수 없이 번져 나갔다.
③ 바닷가에서 새우를 불에 <u>그슬어서</u> 먹었다.
④ 나는 열 문제 중에서 겨우 세 개만 <u>맞혔다</u>.

5 다음 밑줄 친 부분이 어문 규정에 맞게 표기된 문장은?

① 일이 <u>얽히고섥혀서</u> 좀처럼 해결하기가 어렵다.
② 그는 어느새 콧수염에 <u>구렛나루</u>까지 거멓게 자라 있었다.
③ 자식이 많으니 학비 <u>뒤치닥거리</u>도 힘들다.
④ 매일 만나는 사람인데 오늘따라 <u>왠지</u> 멋있어 보인다.

6 띄어쓰기가 옳은 것은?

① 우리∨민족의∨염원은∨통일뿐이다.
② 무엇이∨틀렸는∨지∨답을∨맞추어보자.
③ 우리는∨생사∨고락을∨함께∨한∨친구이다.
④ 이번∨시험에서∨우리∨중∨안∨되어도∨세∨명은∨합격할∨것같다.

7 국어의 로마자 표기법으로 옳은 것은?

① 묵호 Muko
② 극락전 Geuknakjeon
③ 경포대 Gyeongphodae
④ 평창 Pyeongchang

8 다음 겹받침의 발음이 적절하지 않은 것은?

① 그녀는 <u>맑게[말께]</u> 갠 하늘을 오랜만에 보았다.
② 밀가루 반죽을 홍두깨로 <u>넓적하게[넙쩌카게]</u> 폈다.
③ 그는 드디어 고향 땅을 <u>밟게[밥: 께]</u> 되었다
④ 마당에 <u>얇게[얄께]</u> 깔린 싸락눈이 바람에 이리저리 흩날리고 있었다.

9 다음 중 로마자 표기법이 적절하지 않은 것은

① 알약 (allyak)
② 낙동강 (Nakddonggang)
③ 극락전 (Geungnakjeon)
④ 묵호(Mukho)

10 다음 밑줄 친 부분이 옳게 쓰인 것은?

① 어떻게 사람이 <u>인두껍</u>을 쓰고 그런 행동을 할 수가 있어요?
② 눈병에 걸렸는지 <u>눈꼽</u>이 많이 끼어요.
③ 그 사람은 만날 때는 늘 <u>설레여요</u>
④ 그들은 애정표현이 <u>서투른</u> 연인들이라고 할 만하다.
⑤ 잠이 와서 <u>눈커풀</u>이 떨어지질 않아요.

11 다음 중 그 발음이 틀린 것은?

① 되다 → 되어: 원칙[되어], 허용[되여]
② 피다 → 피어: 원칙[피어], 허용[피여]
③ 맛없다 → 원칙[마덥따], 허용[마섭따]
④ 아니오 → 원칙[아니오], 허용[아니요]
⑤ 맛있다 → 원칙[마딛따], 허용[마싣따]

12 다음 중 띄어쓰기가 옳은 것은?

① 그분을 뵌 지도 꽤 오래되었군요.
② 그러한 결과가 나올 수 밖에 없었겠어요.
③ 그 책을 다 읽는데 한 달이나 걸렸어요.
④ 믿을 수 있는 것은 실력 뿐입니다.
⑤ 외출시에는 문단속을 철저히 하세요.

13 다음 중 외래어 표기법에 틀리게 적은 것은?

① 메타세쿼이아(metasequoia): 낙우송과의 낙엽 침엽 교목.
② 달마티안(Dalmatian): 개의 한 품종.
③ 류머티즘(rheumatism): 뼈, 관절, 근육 따위가 단단하게 굳거나 아프며 운동
　　　　　　　　　　　하기가 곤란한 증상.
④ 액세서리(accessory): 복장의 조화를 도모하는 장식품.
⑤ 무슬림(Moslem): 이슬람교도.

14 다음 예문에서 밑줄 친 부분이 맞춤법에 맞는 것은?

① 올해 신입생 <u>입학율</u>이 저조하다.
② 네 기사가 <u>어린이란</u>에 실렸다.
③ 알고도 모르는 <u>채하였다.</u>
④ 남술의 처는 또 한번 웃기 잘하는 그의 입술을 <u>방끗</u> 벌리었다.
⑤ <u>껍질채</u> 먹는 것이 몸에 좋다.

15 국어의 로마자 표기법에 따라 바르게 적은 것은?

① 집현전   Jipyeonjeon
② 영등포   Yeongdeungpho
③ 백록담   Baengnokdam
④ 여의도   Yeoeuido
⑤ 신문로   Simmunno

16 다음 중 현행 로마자 표기법에 가장 잘 맞게 자신의 이름을 적은 사람은?

① 홍길동   Hong Kil Tong
② 이순신   Soonshin, Lee
③ 박민호   Park Mino
④ 조광조   ZO, gwangjo
⑤ 송빛나   Song Bit-na

17 다음 중 원칙과 허용 규정을 모두 적용하여도 띄어쓰기가 틀린 것은?

① 제발 <u>먹을 만큼만</u> 먹어라.
② 이제야 겨우 <u>제 1과</u>를 끝냈다.
③ 꽃잎이 <u>한잎 두잎</u> 떨어진다.
④ 이제 <u>좀더 큰 이</u> 새집에서 행복하게 살자.
⑤ 그가 <u>떠난 지가</u> 오래다.

18 다음 중 밑줄 친 부분의 발음이 옳은 것만으로 묶인 것은?

> 가. <u>김밥만</u> 먹었어요. [김:밤만]
> 나. <u>공권력</u> 행사는 법과 절차에 따라 이루어져야 한다. [공꿘녁]
> 다. 넷에 넷을 더하면 <u>여덟이</u> 됩니다. [여더리]
> 라. 구두 굽이 한 쪽만 <u>닳는</u> 이유가 무엇일까요? [달른]
> 마. <u>머리말</u>을 잘 읽어 보세요. [머린마를]

① 가, 나, 라　　　　② 가, 나, 마
③ 가, 다, 마　　　　④ 나, 다, 마
⑤ 나, 다, 라

19 다음 중 '[발음]-표기'가 **잘못** 연결된 것은?

① [눈꼽] - 눈곱　　　　　　② [법썩] - 법석

③ [싹뚝] - 싹뚝　　　　　　④ [잔뜩] - 잔뜩

⑤ [멀쩡] - 멀쩡

20 다음 중 단어의 활용이 옳은 것은?

① 오늘은 시험을 <u>치르는</u> 날이다.

② 혼자 있을 때에는 문을 잘 <u>잠궈야</u> 한다.

③ 우리 집은 항상 김치를 손수 <u>담궈</u> 먹는다.

④ 어릴 적에는 여름마다 시냇물에 발을 <u>담구고</u> 놀았다.

⑤ 조종사가 된 그녀는 마침내 하늘을 <u>날으는</u> 꿈을 이루었다.

21 어문 규정에 어긋난 것으로만 묶인 것은?

① 기여하고저, 뻐드렁니, 돌('첫 생일'), Nakdonggang('낙동강')

② 퍼붇다, 쳐부수다, 수퇘지, Daegwallyeong('대관령')

③ 안성마춤, 삵괭이, 더우기, 지그잭('zigzag')

④ 고샅, 일찍이, 굶주리다, 빠리('Paris')

22 밑줄 친 단어의 '사이시옷'의 쓰임이 옳지 않은 것은?

① 그들은 서로 <u>인사말</u>을 주고 받았다.

② 아이들은 <u>등굣길</u>이 마냥 즐거웠다.

③ <u>빨랫줄</u>에 옷을 널었다.

④ <u>마굿간</u>에는 말 두 마리가 있다.

23 어문 규범에 모두 맞게 표기된 문장은?

① 여기 있는 딸기 통털어서 얼마에요?

② 너무 오래 기달렸으니 이젠 집에 갈께.

③ 그는 성대모사 하나로 내노라하는 인기인이 되었다.

④ 그렇게 글씨를 괴발개발 써 놓으면 어떻게 알아보겠어요?

24 밑줄 친 부분의 발음이 표준 발음법에 맞는 것은?

① 보리의 생장에는 겨울철 밟기 [발끼가 중요하다.

② 한글 자모 순서에서 'ㄴ' 다음에는 'ㄷ'이 [디그디] 온다.

③ 당시 학계에는 일원론보다는 이원론 [이ː 원논]이 우세하였다.

④ 오전에 맑다[말따가 오후에 차차 흐려져 밤늦게 비가 오겠습니다.

25 다음 중 밑줄 친 부분이 옳은 것은?

① 우리나라에서 내노라하는 수학자들이 한자리에 모였다.

② 신에게 제물을 받혀 우리 마을의 평안을 빌었다.

③ 그녀는 가슴을 졸이다 못해 고함을 버럭 질렀다.

④ 그 일은 이제 기력이 붙혀 할 수 없다.

정답과 해설

1 ①

[해설] '바램'은 동사 '바래다'(볕이나 습기를 받아 색이 변하다, 볕에 쬐거나 약물을 써서 빛깔을 희게 하다)의 명사형이다. 동사 '바라다'(어떤 일이나 상태가 이루어지거나 그렇게 되었으면 하고 생각하다)의 명사형은 '바람'이다.

[오답 톺아보기]

② 〈한글 맞춤법〉 제31항을 따르면, 옛말에서 'ㅎ' 곡용어였던 '머리(頭), 살(肌), 수(雄), 암(雌), 안(內)' 등에 다른 단어가 결합하여 이루어진 합성어 중에서, [ㅎ]음이 첨가되어 발음되는 단어는 소리 나는 대로, 즉 뒤 단어의 첫소리를 거센소리로 적는다고 했다. 따라서 '안팎'이 맞는 표기이다.

③ '막연(漠然)하다'는 내용을 뚜렷이 알 수 없을 만큼 논리적이거나 구체적이지 못하다는 의미를 담고 있다. 그리고 '막역(莫逆)하다'는 서로 허물없이 썩 친하다는 뜻을 지닌다. 문맥을 고려할 때 '막역한'으로 써야 올바른 표현이 된다.

④ '揭示板'의 '揭'의 본음이 '게'이다. '게시판'으로 적어야 맞는 표기이다.

[2013 9급 국가직]

2 ④

[해설] 〈외래어 표기법〉 제1장 제4항에 따르면, 파열음 표기에는 된소리를 쓰지 않는 것을 원칙으로 하고 있다. 그러니 '까페'는 '카페'로 적어야 올바른 표현이 된다.

3 ①

[해설] 〈한글 맞춤법〉 제4장 제15항과 〈한글 맞춤법〉 제5장 제42항에 따라 의존 명사는 띄어 쓰고, 어미는 어간에 붙여 써야 한다. '시간

의 경과'를 의미하는 의존명사 '지'는 띄어 써야 한다. 그러나 이 문장은 추측에 대한 막연한 의문이 있는 채로 그것을 뒤 절의 사실이나 판단과 관련시키는 데에 쓰는 연결 어미 '-ㄹ지'가 쓰였다. 따라서 '올지'로 붙여 써야 한다.

[오답 톺아보기]

② 〈한글 맞춤법〉 제5장 띄어쓰기 제46항 보면 단음절로 된 단어가 연이어 나타날 때에는 붙여 쓸 수 있다고 했다. 그러므로 '이집 저집'으로 써도 된다.

③ '이분'은 '이 사람'을 아주 높여 이르는 삼인칭 대명사이므로 붙여 써야 바르다. 또한 〈한글 맞춤법〉 제5장 제45항을 보면, 두 말을 이어 주거나 열거할 때에 쓰이는 말들은 띄어 쓴다고 했다. 그러므로 '장관 겸 부총리'로 써야 한다.

④ '만하다'는 용언 뒤에서 '-을 만하다' 구성으로 쓰이는 보조 형용사이다. 어떤 대상이 앞말이 뜻하는 행동을 할 타당한 이유를 가질 정도로 가치가 있음을 나타내거나 앞말이 뜻하는 행동을 하는 것이 가능함을 나타낼 때 쓴다. '들을 만하다'로 써야 올바른 표현이 된다.

4 ②

[해설] '걷잡다'는 주로 '없다'와 함께 쓰여서 '한 방향으로 치우쳐 흘러가는 형세 따위를 붙들어 잡다' 또는 '마음을 진정하거나 억제하다'는 의미로 쓰인다. 이와 달리 '겉잡다'는 '겉으로 보고 대강 짐작하여 헤아리다'는 의미로 쓰인다. 따라서 '겉잡을'로 써야 문맥에 어울리는 표현이 된다.

[오답 톺아보기]

① '돋구다'와 '돋우다'를 잘 구별해서 사용할 수 있도록 사전을 찾아보자. 안경의 도수 따위를 더 높게 하다는 의미로는 '돋구다'를 써야

적절하다. 이 경우 이외의 경우에는 '돋우다'로 쓰면 거의 맞는다.

③ '그을다'와 '그슬다'를 혼동해서 사용하지 않도록 주의하자. 불에 물건의 겉만 조금 타게 하다는 의미로 '그슬다'를 쓴다. 햇볕이나 불, 연기 따위를 오래 쬐어 검게 되다는 의미로는 '그을다'를 쓴다. '그을다'에 '-은'이 연결되면 'ㄹ'이 탈락되어 '그은'이 된다. '크을은'은 잘못된 활용형이니 주의하자.

④ '맞히다'와 '맞추다'를 적절하게 사용할 수 있도록 공부해 보자. '문제의 답을 맞히다.'가 올바른 표현이지만 '문제의 답을 맞추다.'라고 하면 틀린 표현이 된다. '적중하다'의 의미가 담긴 '맞히다'는 정답을 골라낸다는 의미를 갖지만 '맞추다'는 '대상끼리 서로 비교하다.'는 의미를 지닌다. '답안지를 정답과 맞추다.'와 같은 경우에만 써야 한다.

[2014 7급 국가직]

5 ④

[해설] '왠지'는 '왜 그런지 모르게 또는 뚜렷한 이유도 없이'의 의미로 쓰이는 부사이다. '웬지'로 쓰지 않도록 주의하자. '웬일이니'는 '왠일이니'로 잘못 쓰지 않도록 주의하자.

[오답 톺아보기]
① 기본형이 '얽히고설키다'이다. '얽히고설켜서'로 고쳐야 한다.
② 귀밑에서 턱까지 잇따라 난 수염의 의미하는 '구레나룻'는 잘못 표기하는 경우가 많다. '구렛나루'나 '구렛나룻'으로 적지 않도록 주의하자.
③ 뒤에서 일을 보살펴서 도와주는 일을 의미하는 말로 '뒤치다꺼리'가 바른 표기다. '뒷차닥꺼리'나 '뒷차타꺼라'로 쓰지 않도록 주의하자. ≒ 뒷바라지, 치다꺼리

6 ①

[해설] 〈한글 맞춤법〉 41항에 따르면 조사는 그 앞말에 붙여 쓴다고 했다. '뿐'은 체언이나 부사어 뒤에 붙어서 '그것만이고 더는 없음' 또는 '오직 그렇게 하거나 그러하다는 것'을 나타내는 보조사로 쓰였기에 '통일뿐'처럼 붙여 써야 한다. 조사가 둘 이상 겹쳐지거나, 조사가 어미 뒤에 붙는 경우에도 붙여 써야 하기 때문에 서술격 조사 '이다'도 보조사 '뿐'과 붙여 써야 한다. 따라서 '통일뿐이다'는 띄어쓰기가 올바른 표현이 된다.

[오답 톺아보기]
② 막연한 의문이 있는 채로 그것을 뒤 절의 사실이나 판단과 관련시키는 데 쓰는 연결 어미 '-는지'가 쓰였으므로 '틀렸는지'로 붙여 써야 옳다. '맞추어보자'의 경우는 본용언과 보조용언은 띄어 쓰는 것을 원칙으로 하되 붙여 씀을 허용하기에 적절하다.
③ '생사고락', '함께한'으로 각각 붙여 써야 옳다.
④ '일정한 수준이나 정도에 이르지 못하다'는 의미로 쓰일 경우에는 '안되어도'로 붙여 쓴다. '것∨같다'로 띄어 써야 올바른 표현이 된다.

[2011 9급 지방직]

7 ④

[오답 톺아보기]
① 〈로마자 표기법〉 제3장 제1항에 따르면, 체언에서 'ㄱ, ㄷ, ㅂ' 뒤에 'ㅎ'이 따를 때에는 'ㅎ'을 밝혀 적기 때문에 '묵호'는 [무코]로 발음하더라도 'Mukho'로 적어야 한다.
② 〈로마자 표기법〉 제3장 제1항에 따르면, 자음동화는 로마자 표기에 반영하지만 된소리되기는 로마자 표기에 반영하지 않는다. 따라서 '극락전'의 표준 발음은 [긍낙쩐]이므로 'Geungnakjeon'으로 적어야 한다.
③ 〈로마자 표기법〉 제2장 제2항에 따르면, 자음 'ㅍ'은 'p'로 적어야 한다. 따라서 '경포대'는 'Gyeongpodae'로 적어야 한다.

[2012 9급 지방직]

[해설] 〈표준어 규정〉 제2부 제10항에 따르면, 겹받침 'ㄼ'은 어말 또는 자음 앞에서 [ㄹ]로 발음한다. 다만, '밟-'은 자음 앞에서 [밥]으로 발음하고, '넓-'은 넓죽하다[넙쭈카다], 넓둥 글다[넙뚱글다], 넓적하다[넙쩌카다]와 같은 경우에 [넙]으로 발음한다. 따라서 '넓적하게'는 [넙쩌카게]로 발음해야 올바른 표현이 된다.

[오답 톺아보기]

① 〈표준어 규정〉 제2부 제4부 제11항에 따르면, 겹받침 'ㄺ'은 어말 또는 자음 앞에서 각각 [ㄱ]으로 발음하지만 용언의 어간 말음 'ㄺ'은 'ㄱ' 앞에서 [ㄹ]로 발음한다. 그리고 〈표준어 규정〉 제2부 제6장 제23항에 따르면, 받침 'ㄱ(ㄲ, ㅋ, ㄳ, ㄺ), ㄷ(ㅅ, ㅆ, ㅈ, ㅊ, ㅌ), ㅂ(ㅍ, ㄼ, ㄿ, ㅄ)' 뒤에 연결되는 'ㄱ, ㄷ, ㅂ, ㅅ, ㅈ'은 된소리로 발음한다고 명시되어 있다. 따라서 '맑게'는 [말께]로 발음해야 올바른 표현이 된다.

③ 〈표준어 규정〉 제2부 제10항에 따르면, 겹받침 'ㄳ', 'ㄵ', 'ㄼ, ㄽ, ㄾ', 'ㅄ'은 어말 또는 자음 앞에서 각각 [ㄱ, ㄴ, ㄹ, ㅂ]으로 발음한다. 다만, '밟-'은 자음 앞에서 [밥]으로 발음해야 한다. 그리고 〈표준어 규정〉 제2부 제6장 제23항에 따르면, 받침 'ㄱ(ㄲ, ㅋ, ㄳ, ㄺ), ㄷ(ㅅ, ㅆ, ㅈ, ㅊ, ㅌ), ㅂ(ㅍ, ㄼ, ㄿ, ㅄ)' 뒤에 연결되는 'ㄱ, ㄷ, ㅂ, ㅅ, ㅈ'은 된소리로 발음한다고 명시되어 있다. 따라서 '밟게'는 [밥께]로 발음해야 한다.

④ 〈표준어 규정〉 제2부 제10항에 따르면, 겹받침 'ㄼ'은 어말 또는 자음 앞에서 [ㄹ]으로 발음한다. 그리고 〈표준어 규정〉 제2부 제6장 제23항에 따르면, 받침 'ㄱ(ㄲ, ㅋ, ㄳ, ㄺ), ㄷ(ㅅ, ㅆ, ㅈ, ㅊ, ㅌ), ㅂ(ㅍ, ㄼ, ㄿ, ㅄ)' 뒤에 연결되는 'ㄱ, ㄷ, ㅂ, ㅅ, ㅈ'은 된소리로 발음한다고 명시되어 있다. 따라서 '얇게'는 [얄께]로 발음해야 한다.

[해설] 〈로마자 표기법〉 제3장 제1항에 따르면, 자음 동화는 표기에 반영하지만 된소리되기는 표기에 반영하지 않는다. 따라서 '낙동강'은 [낙똥강]으로 발음하지만 'Nakdonggang'으로 적어야 한다.

[오답 톺아보기]

① 〈로마자 표기법〉 제3장 제1항에 따르면, 'ㄴ, ㄹ'이 덧나는 경우에는 표기에 반영한다. 따라서 '알약'은 [알략]으로 발음하므로 'allyak'으로 적어야 한다.

③ 〈로마자 표기법〉 제3장 제1항에 따르면, 자음 동화는 표기에 반영하지만 된소리되기는 표기에 반영하지 않는다. '극락전'은 [긍낙쩐]으로 발음하지만 'Geungnakjeon'으로 적어야 한다.

④ 〈로마자 표기법〉 제3장 제1항에 따르면, 체언에서 'ㄱ, ㄷ, ㅂ' 뒤에 'ㅎ'이 따를 때에는 'ㅎ'을 밝혀 적는다. '묵호'와 같은 체언은 [무코]로 발음하더라도 'ㅎ'을 밝혀 적어야 하기에 'Mukho'로 써야 올바른 표현이 된다.

[해설] ④ '서툴다'는 '서투르다'의 준말이다. 따라서 '서툰/서투른' 모두 쓸 수 있다.

[오답 톺아보기]

① 사람의 형상이나 탈을 의미하는 단어는 '인두겁'이다. '언두껍'은 틀린 표현이다.

② '눈꼽'은 틀린 표현이다. '눈곱'이 맞다.

③ '설레다'가 기본형이니 '설레요'로 써야 한다.

⑤ '눈커풀'이라는 표현은 없다. '눈꺼풀/눈까풀'이 맞는 표현이다.

[해설] 〈표준어 규정〉 제2부 15항에 따르면, '맛없다'는 원칙상 [마덥따]로만 발음해야 한다.

[오답 톺아보기]

① 〈표준어 규정〉 제2부 22항에 따르면, '되

어'는 원칙상 [되어]로 발음되지만 [되여]로 발음하는 것도 허용한다.

② 〈표준어 규정〉제2부 22항에 따르면, '피어'는 원칙상 [피어]로 발음되지만 [피여]로 발음하는 것도 허용한다.

④ 〈표준어 규정〉제2부 22항에 따르면, '아니오'는 원칙상 [아니오]로 발음되지만 [아니요]로 발음하는 것도 허용한다.

⑤ 〈표준어 규정〉제2부 15항에 따르면, '맛있다'는 원칙상 [마딛따]로 발음되지만 [마싣따]로 발음하는 것도 허용한다.

12 ①

[해설] '그분'과 '오래되다'는 《표준국어대사전》에 한 단어로 등재되어 있으므로 붙여 써야 하고, '뵌 지'는 '지'가 시간의 경과를 의미하는 의존 명사이므로 띄어 써야 한다.

[오답 톺아보기]

② '수'는 의존 명사이기에 '나올 수'로 띄어 써야하지만 '밖에'는 체언이나 부사어의 뒤에 붙어서 '그것 이외에는'의 뜻을 나타내는 보조사로 쓰일 때는 '수밖에'로 붙여 써야 한다.

③ '읽는데'는 붙여 써야 올바르고, 단위를 나타내는 의존 명사는 띄어 써야하므로 '한 달'써야 맞다.

④ '것'은 의존 명사이므로 띄어 써야 하고, '뿐'은 '그것만이고 더는 없음' 또는 '오직 그렇게 하거나 그러하다는 것'을 나타내는 보조사이므로 '실력뿐입니다'처럼 붙여 써야 한다.

⑤ '시(時)'는 시간의 단위를 나타내거나 어떤 조건에 이르는 경우나 때를 나타내는 의존 명사이므로 띄어 써야 올바른 표현이 된다.

[2013 9급 서울시]

13 ⑤

[해설] 흔히 이슬람교도를 '무슬림'으로 쓰고 발음하지만 이는 틀린 표현이다. 이슬람교도를 지칭하는 올바른 표현은 '모슬렘'이다.

[오답 톺아보기]

① 보통 쓰는 '메타세콰어아/메타세콰어어' 등은 모두 틀린 표현이다.

② 우리가 흔히 '달마시안'으로 잘못 알고 있는 개의 한 품종의 지칭 표현은 '달마티안'이 맞는 표현이다.

③ 흔히 '류마티즘'으로 잘못 알고 쓰고 있다. '류머티즘'이 맞는 표현이다.

④ '악세사리'는 틀린 표현이다. '액세서리'가 맞는 표현이다.

14 ④

[해설] '방긋'은 '입을 예쁘게 약간 벌리며 소리 없이 가볍게 한 번 웃는 모양'을 이르는 말로 '방끗'보다는 어감이 조금 세다. '방긋이'로도 쓸 수 있다.

[오답 톺아보기]

① '입학률'로 써야 바르다. 〈한글맞춤법〉제3장 5절 11항에 따르면, 모음이나 'ㄴ' 받침 뒤에 이어지는 '렬, 률'은 '열, 율'로 적는다. 자음 뒤에 이어지는 '렬, 률'은 그대로 적으면 된다.

② '어린이난'으로 적어야 바르다. 〈한글맞춤법〉제3장 5절 12항 해설을 보면 '어린이난, 어머니난, 가십(gossip)난'과 같이 고유어나 구미 외래어 뒤에 결합하는 경우에는 두음 법칙을 적용해야 한다고 적고 있다. 왕릉(王陵), 정릉(貞陵), 동구릉(東九陵)'처럼 쓰이는 '릉'이나, '독자란(讀者欄)', 비고란(備考欄)'처럼 쓰이는 '란'은 한자어 뒤에 결합할 때에는 통상 하나의 단어로 인식되지 않기 때문에, 본음대로 '릉'과 '란'으로 적어야 한다.

③ '체하였다'로 써야 올바른 표현이 된다. 의존명사 '채'와 '체'를 구분해서 알아두어야 한다. '채'는 이미 있는 상태 그대로 있다는 뜻을 나타내는 말이고, '체'는 그럴듯하게 꾸미는 거짓 태도나 모양을 이르는 말로 '척'으로도 쓰인다. '체하다'는 동사나 형용사 뒤에서 '-은 체하다', '-는 체하다' 구성으로 쓰이는 보조동

사다. = 척하다

⑤ '껍질째'로 적어야 올바른 표현이 된다. '째'는 일부 명사 뒤에 붙어서 '그대로', 또는 '전부'의 뜻을 더하는 접미사다.

[2014 9급 서울시]

15 ③

[해설] 〈로마자 표기법〉 제3장 제1항에 따르면, 자음동화는 표기에 반영하지만 된소리되기는 표기에 반영하지 않는다. 따라서 백록담은 [뱅녹땀]으로 발음하지만 'Baengnokdam'으로 적어야 올바른 표기가 된다.

[오답 톺아보기]

① 〈로마자 표기법〉 제3장 제1항에 따르면, 음운 변화가 일어날 때에는 변화의 결과에 따라 적는다. 다만, 체언에서 'ㄱ, ㄷ, ㅂ' 뒤에 'ㅎ'이 따를 때에는 'ㅎ'을 밝혀 적으며, 된소리되기는 표기에 반영하지 않는다고 명시되어 있다. 따라서 집현전은 [지편전]으로 발음하지만 'Jiphyeonjeon'으로 적어야 올바른 표현이 된다.

② 〈로마자 표기법〉 제2장 제2항에 따라 자음 'ㅍ'은 'p'로 적어야 한다. 영등포는 'Yeongdeungpo'로 적어야 올바른 표현이 된다.

④ 〈로마자 표기법〉 제2장 제1항에 따라, 모음 'ㅢ'는 'ui'로 적어야 한다. 그리고 'ㅢ'는 'ㅣ'로 소리 나더라도 'ui'로 적어야 한다. 따라서 여의도는 'Yeouido'로 적어야 올바른 표현이 된다.

⑤ 〈로마자 표기법〉 제3장 제1항에 따르면, 음운 변화가 일어날 때에는 변화의 결과에 따라 적으며 자음동화는 표기에 반영하다고 명시했다. 따라서 신문로는 'Sinmunno'로 적어야 맞다.

[2014 9급 국회직]

16 ⑤

[해설] 〈로마자 표기법〉 제3장 제4항을 따르면 이름에서 일어나는 음운변동 현상은 표기에 반영하지 않는다.

[오답 톺아보기]

① 홍길동 Hong Kil Tong→ Hong Gildong • 예사소리인 첫소리의 'ㄱ, ㄷ' 등은 각각 'g, d'로 적어야 한다.

② 이순신 Soonshin, Lee → Lee Sunsin • 우리말의 성과 이름을 로마자로 표기할 때에도 성과 이름의 차례가 바뀌지 않는다.

③ 박민호 Park Mino → Park Minho / Park Min-ho • 이름에서 일어나는 음운변동 현상은 표기에 반영하지 않는다.

④ 조광조 ZO, gwangjo → Zo Gwangjo • 성의 영문은 어느 정도 허용(Jo/Zo, Lee/Yi)하지만 이때에도 성의 첫 글자와 이름의 첫 글자만 대문자로 쓴다.

17 ②

[해설] 〈한글맞춤법〉 제5장 43항에 따라, 단위를 나타내는 명사는 띄어 써야 하는데 이 경우 '1과'처럼 수와 어울려 쓰이는 경우에는 붙여 쓸 수 있다. 다만 여기에서 '제-'는 접두사이므로 띄어 쓰지 못한다. 따라서 '제1 과/제1 과'처럼 써야 옳다.

[오답 톺아보기]

① 〈한글 맞춤법〉 제5장 42항에 따라, 이 문장에서 '만큼'은 의존명사다. 의존명사는 띄어 쓰는 것이 원칙이다.

③ 〈한글 맞춤법〉 제5장 46항에 따라, 단음절로 된 단어가 연이어 나타날 적에는 붙여 쓸 수 있다.

④ 〈한글 맞춤법〉 제5장 46항에 따라, 단음절로 된 단어가 연이어 나타날 적에는 붙여 쓸 수 있다.

⑤ 〈한글 맞춤법〉 제5장 42항에 따라, 이 문장에서 '지'는 의존명사다. 의존명사는 띄어 쓰는 것이 원칙이다.

18 ①

[해설] 〈가〉〈표준어 규정〉제2부 제18항을 보면 받침 'ㄱ(ㄲ, ㅋ, ㄳ, ㄺ), ㄷ(ㅅ, ㅆ, ㅈ, ㅊ, ㅌ, ㅎ), ㅂ(ㅍ, ㄼ, ㄿ, ㅄ)'은 'ㄴ, ㅁ' 앞에서 [ㅇ, ㄴ, ㅁ]으로 발음한다고 했다. 그러므로 [김:밤만]이 옳은 발음이다. 된소리되기를 반영하여 [김뺨만]으로 발음하지 않도록 주의하자.

〈나〉'ㄴ'은 'ㄹ'의 앞이나 뒤에서 [ㄹ]로 발음하지만 '공권력'과 같은 단어는 'ㄹ'을 [ㄴ]으로 발음한다는 〈표준어 규정〉제2부 20항에 따라 [공꿘녁]이 올바른 발음이다. 한자어에서 'ㄴ'과 'ㄹ'이 결합하면서도 [ㄹㄹ]로 발음되지 않고 [ㄴㄴ]로 발음되는 예들로, 의견란[의:견난], 임진란[임:진난], 생산량[생산냥], 결단력[결딴녁], 공권력[공꿘녁], 동원령[동:원녕], 상견례[상견녜], 횡단로[횡단노], 이원론[이:원논], 입원료[이붠뇨], 구근류[구근뉴] 등이 있다. 꼭 익혀 두자.

〈다〉'여덟이'처럼 겹받침이 모음으로 시작된 조사나 어미, 접미사와 결합되는 경우에는, 뒤엣것만을 뒤 음절 첫소리로 옮겨 발음하며 이 경우, 'ㅅ'은 된소리로 발음한다는 〈표준어 규정〉제2부 제14항에 따라 [여덜비]가 올바른 발음이다.

〈라〉〈표준어 규정〉제2부 제20항에 따르면 'ㄴ'은 'ㄹ'의 앞이나 뒤에서 [ㄹ]로 발음하고, 첫소리 'ㄴ'이 'ㄶ', 'ㄾ' 뒤에 연결되는 경우에도 이에 준한다고 했으므로 [달른]으로 발음해야 올바른 표현이 된다.

〈마〉〈표준어 규정〉제2부 제13항에는 홑받침이나 쌍받침이 모음으로 시작된 조사나 어미, 접미사와 결합되는 경우에는, 제 음가대로 뒤 음절 첫소리로 옮겨 발음한다고 했다. 그러므로 [머리마를]로 발음해야 한다. 'ㄴ'을 첨가해서 [머린마를]로 발음하지 않도록 조심하자.

[2013 9급 서울시]

19 ③

[해설] 〈한글 맞춤법〉제3장 제5항을 보면, 한 단어 안에서 뚜렷한 까닭 없이 나는 된소리는 다음 음절의 첫소리를 된소리로 적는다. 다만, 'ㄱ, ㅂ' 받침 뒤에서 나는 된소리는, 같은 음절이나 비슷한 음절이 겹쳐 나는 경우가 아니면 된소리로 적지 않는다고 명시되어 있다. 단서 조항은 한 개의 형태소 내부에서도, 'ㄱ, ㅂ' 받침 뒤는 된소리되기의 규칙성이 적용되는 환경이기 때문에 된소리로 나더라도 된소리로 적지 않는다는 의미다. 따라서 '싹둑'은 [싹뚝]으로 소리가 나더라도 '싹뚝'으로 적지 않는 것이다.

[2014 9급 국회직]

20 ①

[해설] 기본형이 '치르다'이니 '치르는'이 맞다.
[오답 톺아보기]
② 기본형이 '잠그다'이니 '잠가야'가 맞다.
③ 기본형이 '담그다'이니 '담가'가 맞다.
④ 기본형이 '담그다'이니 '담그고'가 맞다.
⑤ 기본형이 '날다'이니 '나는'이 맞다.

21 ③

[해설] 안성마춤 → 안성맞춤, 삵쾡이 → 살쾡이, 더욱이 → 더욱이, 지그잭('zigzag') → 지그재그로 써야 한다. 어말과 모든 자음 앞에 오는 유성 파열음([b], [d], [g])은 '으'를 붙여 적기 때문에 '지그재그'로 적어야 바른 표기이다.
[오답 톺아보기]
① '카여하고저'는 '기여하고자'로 써야 한다. '-고자'는 '있다, 없다, 계시다'의 어간, 동사 어간 또는 어미 '-으시-' 뒤에 붙어서, 어떤 행동을 할 의도나 욕망을 가지고 있음을 나타내는 연결 어미이다. 따라서 '기여하고자'로 써야 바른 표기이다.
② '퍼붓다'가 올바른 표기이다. 나머지 표기는 바른 표기이다. '쳐부수다'는 처부수다로 쓰지

않도록 주의하자. '수퇘지'도 '수퇘저'로 쓰지 않도록 조심하자.

④ '굼주리다 → 굶주리다', '빠리('Paris') → 파리'가 맞다. 파열음 표기에는 된소리를 쓰지 않는 것을 원칙으로 하기 때문에 '파리'로 적어야 올바른 표기가 된다.

22 ④

[해설] 마굿간은 '마구(馬廏)+간(間)'의 합성형이다. [마:구깐]으로 발음한다. 한자어와 한자어로 된 합성어의 경우는 '곳간(庫間), 셋방(貰房), 숫자(數字), 찻간(車間), 툇간(退間), 횟수(回數)'를 제외하고는 사이시옷을 적지 않는다.

[오답 톺아보기]

① 인사말은 '인사+말'의 합성형이다. [인사말]로 발음한다. 순우리말과 한자어로 된 합성어로서 앞말이 모음으로 끝난 경우 중에서, 뒷말의 첫소리 'ㄴ, ㅁ' 앞에서 'ㄴ' 소리가 덧나는 경우로 잘못 판단해서 사이시옷을 쓰지 않도록 조심하자. '머리말, 해님, 노랫말' 등이 사이시옷 표기에 주의가 필요한 단어이다.

② 등굣길은 '등교+길'의 합성형이다. [등교낄/등굗낄]로 발음한다. 순우리말과 한자어로 된 합성어로서 앞말이 모음으로 끝난 경우 중에서, 뒷말의 첫소리가 된소리로 나기 때문에 사잇소리를 나타내는 시옷을 적어야 한다.

③ 빨랫줄은 '빨래+줄'의 합성형이다. [빨래쭐/빨랟쭐]로 발음한다. 순우리말로 된 합성어로서 앞말이 모음으로 끝난 경우 중에서, 뒷말의 첫소리가 된소리로 나기 때문에 사잇소리를 나타내는 시옷을 적어야 올바른 표기가 된다.

• '마구간'으로 적어야 올바르기 때문에 정답은 ④이다.

23 ④

[해설] 괴발개발 → 괴발개발/개발새발, '괴발개발'이나 '개발새발' 모두 바른 표기이다. 현대 국어에서는 개발새발도 인정하고 있다.

[오답 톺아보기]

① 통틸어서 → 통틀어서, 동사 '통틀다'는 '있는 대로 모두 한데 묶다'의 의미로 쓰인다. 활용형도 '통틀어서'가 올바른 표현이 된다.

② 기달렸으니 → 기다렸으니, 동사 '기다리다'는 활용은 '기다렸으니'가 맞다. '기다려/기다리고/기다리니/기다려서'처럼 활용한다.

③ 내노라하는 → 내로라하는, '어떤 분야를 대표할 만하다'는 의미로 동사 '내로라하다'의 표기는 틀리기 쉬우니 주의하자.

24 ③

[해설] 〈표준어 규정〉 제2부 표준 발음법 제20항에 따르면 'ㄴ'은 'ㄹ'의 앞이나 뒤에서 [ㄹ]로 발음한다. 그런데 한자어에서 'ㄴ'과 'ㄹ'이 결합하면서도 [ㄹㄹ]로 발음되지 않고 [ㄴㄴ]으로 발음되는 경우가 있다. 그 대표적인 예가 '이원론'이다. [이:원논]으로 발음해야 바르다. '이원론'과 같은 경우로는 의견란[의:견난], 임진란[임:진난], 생산량[생산냥], 결단력[결딴녁], 공권력[공꿘녁], 동원령[동:원녕], 상견례[상견녜], 횡단로[횡단노], 입원료[이붠뇨], 구근류[구근뉴] 등이 있다. 꼭 익혀 두자.

[오답 톺아보기]

① 〈표준어 규정〉 제2부 표준 발음법 제10항에 따르면 '밟다'의 어간 '밟-'은 자음 앞에서 [ㅂ]으로 발음한다. 그리고 〈표준어 규정〉 제2부 제23항을 보면 받침 'ㄱ(ㄲ, ㅋ, ㄳ, ㄺ), ㄷ(ㅅ, ㅆ, ㅈ, ㅊ, ㅌ), ㅂ(ㅍ, ㄼ, ㄿ, ㅄ)' 뒤에 연결되는 'ㄱ, ㄷ, ㅂ, ㅅ, ㅈ'은 된소리로 발음한다고 했다. 그러므로 '밟기'는 [밥끼]로 발음해야 적절한 표현이 된다.

② 〈표준어 규정〉 제2부 표준 발음법 제16항을 보면, 한글 자모의 이름은 그 받침소리를 연음하되, 'ㄷ, ㅈ, ㅊ, ㅋ, ㅌ, ㅍ, ㅎ'의 경우에는 특별한 경우 연음하지 않으니 주의해서 발음해야 한다. 따라서 [디그시]가 올바른 발음이다.

④ 〈표준어 규정〉제2부 표준 발음법 제11항에 따라, 겹받침 'ㄹ'은 자음 앞에서 [ㄱ]으로 발음한다. 그리고 〈표준어 규정〉제2부 제23항에 따르면, 받침 'ㄱ(ㄲ, ㅋ, ㄳ, ㄺ), ㄷ(ㅅ, ㅆ, ㅈ, ㅊ, ㅌ), ㅂ(ㅍ, ㄼ, ㄿ, ㅄ)' 뒤에 연결되는 'ㄱ, ㄷ, ㅂ, ㅅ, ㅈ'은 된소리로 발음한다. 그러므로 [막따]로 발음해야 올바른 표현이 된다.

25 ③

[해설] 주로 '마음', '가슴' 따위와 함께 쓰여서 속을 태우다시피 초조하다는 의미로 '졸이다'를 쓴다. 그러므로 적절하게 단어를 사용하고 있다. '조리다'는 '양념을 한 고기나 생선, 채소 따위를 국물에 넣고 바짝 끓여서 양념이

배어들게 하다' 또는 '식물의 열매나 뿌리, 줄기 따위를 꿀이나 설탕물 따위에 넣고 계속 끓여서 단맛이 배어들게 하다'는 의미로 써야 한다.

[오답 톺아보기]
① '어떤 분야를 대표할 만하다'는 의미로 '내로라하다(나+-이-+-오-+-다+하-+다)'라고 적는다. 따라서 '내로라하는'으로 고쳐야 한다.
② 제물을 '신이나 웃어른에게 정중하게 드리다'는 의미로 '바치다'를 써야 한다. 그러므로 '바쳐'로 고쳐야 한다.
④ '모자라거나 미치지 못하다'는 의미로 '부치다'를 써야 한다. 기력이 모자라서 할 수 없다는 의미이므로 '부쳐'로 고쳐야 한다.

※ 2011년과 2014년에 새로이 표준어로 추가된 것들을 다시 한 번 확인하고 가자.

추가 표준어	기존 표준어	추가 표준어	기존 표준어	추가 표준어	기존 표준어
간지럽히다	간질이다	~길래	~기에	끄적거리다	끼적거리다
구안와사	구안괘사	남사스럽다	남우세스럽다	개발새발	괴발개발
두리뭉실하다	두루뭉술하다	굽신•	굽실	등물	목물
나래	날개	내음	냄새	맨숭맨숭	맨송맨송
맨날	만날	눈두덩이	눈두덩	맹숭맹숭	
못자리	묏자리	눈꼬리	눈초리	바둥바둥	바동바동
삐지다	삐치다	초장초	작장초	복숭아뼈	복사뼈
떨구다	떨어뜨리다	새초롬하다	새치름하다	개기다	개개다
세간살이	세간	뜨락	뜰	아웅다웅	아옹다옹
꼬시다	꾀다	놀잇감	장난감	딴지	딴죽
쌉싸름하다	쌉싸래하다	먹거리	먹을거리	야멸차다	야멸치다
투라대	고운대	메꾸다	메우다	오손도손	오순도순
허접쓰레기	허섭스레기	손주	손자(孫子)	찌뿌둥하다	찌뿌듯하다

추가 표준어	기존 표준어	추가 표준어	기존 표준어	추가 표준어	기존 표준어
사그라들다	사그라지다	섬찟•	섬뜩	속앓이	속병
흙담	토담	어리숙하다	어수룩하다	추근거리다	치근거리다
택견	태껸	연신	연방	짜장면	자장면
품새	품세	휑하니	휑허케	걸리적거리다	거치적거리다
허접하다	허접스럽다				

- '섬찟'과 '굽신'이 표준어로 인정됨에 따라, '섬찟하다, 섬찟섬찟, 섬찟섬찟하다'나 '굽신거리다, 굽신대다, 굽신하다, 굽신굽신, 굽신굽신하다' 등도 표준어로 함께 인정되었다.

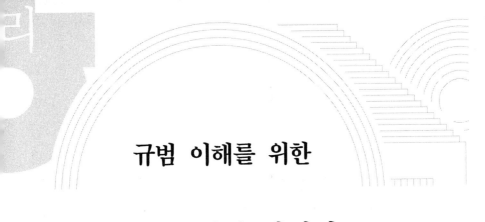

규범 이해를 위한

한국어 지식 다지기

한국어의 유형·특질·훈민정음

🐝 한국어는 언어 유형상 교착어(첨가어)에 속하고 계통상 알타이 언어에 속한다.

🐝 유형별 계통별 특징은 물론 한국어에는 한국어만이 갖는 고유한 특질이 있다.

🐝 그렇게 복잡하고 많은 것은 아니다. 어차피 우리가 쓰고 하는 말의 특징이다. 많이 알면 알수록 당연한 거다.

    전 세계 언어를 그 유형에 따라서 분류할 때에는 크게 첨가어(添加語)(교착어), 고립어(孤立語), 굴절어, 포합어로 나눈다. 한국어는 첨가어(교착어)에 속한다. 어미의 변화는 '굴절적'이라고 할 수 있으나 **조사나 접사에 의한 문법 변화**에 주목해서 **첨가어**라고 한다. 한국어·일본어·터키어 등이 이에 속한다. 굴절어(屈折語)는 문법적 기능에 따라 단어의 형태가 변화하는 언어를 말한다. 이는 **단어의 곡용(曲用)과 활용(活用)에 중점**을 두고 분류한 언어 유형이다. 영어, 라틴어를 비롯한 인도유럽어족과 셈(Sem)어족에 속하는 언어는 거의 대부분 **굴절어**로 분류된다. **고립어**란 말 그대로 **낱말 하나하나가 하나의 형태소(morpheme)**로 이루어진 언어를 말한다. 중국어나 베트남어가 이에 해당한다. **포합어**란 문장 안에서 **구문 관계로 문법적인 관계를 나타내**는 언어 유형을 말한다. 짧은 구문 안에서, 주로 접사들을 결합시켜, 문법적 관계를 모두 포합하고 있는 종합적 언어 유형이라고 할 수 있다. 아메리칸 인디안 언어나 이누잇(흔히 에스커모라고 부르는 민족이다. 그런데 에스커모는 상당히 무례한 표현이니 쓰면 안 된다. 그 의미를 한번 찾아보자.) 종족의 언어들이 이에 해당한다.

    한글을 한국어 자체로 해석하거나 쓰는 경우도 종종 있지만, 엄밀히 말해서 한글과 한국어는 다르다. 한국어는 언어 체계이고 한글은 문자 체계로 보아야 한다. 한국어는 음운, 형태적 특징과 어휘적 특징, 문법적 특징, 담화

텍스트적 특징 등으로 구분하여 연구된다. 물론 한국어와 떨어져서 파악하기 힘든, 한글은 자모의 결합과 발음의 측면, 그리고 음감(음상)의 측면에서 분류되고 연구된다.

한국어는 언어다. 언어는 발음, 형태, 어휘, 문법, 담화, 텍스트의 영역 등에서 각각의 특성을 중점으로 연구되고 정리된다. 그러므로 한국어에 대해서, 한국어적인 특성을 짜임새 있게 정리하여 알아두는 것이 필요하다.

[1] 한국어의 유형

어떤 말에 독립성이 없는 조사나 접사(接辭) 등을 붙여, 그 기능에 의하여 문법적 관계를 나타내는 언어를 말한다. 한국어·일본어·터키어 등이 이에 속한다. 어미변화가 굴절어(屈折語)와 같이 밀접하지 않고 어근(語根) 안의 변화는 거의 없다. 알타이어족·우랄어족의 언어들이 이와 같은 특징을 갖고 있다.

우리 국어는 계통상 알타이 어족, 형태상 첨가어에 속한다. 굴절어는 영어, 불어, 독어 등이며, 실질 형태소와 형식 형태소의 구별이 뚜렷하지 않고 어형의 변화로 어법 관계를 나타내는 언어이다.

한국어는 몽골어, 터키어, 퉁구스어, 만주어 등과 함께 알타이어 계통이라고 한다. 이들 언어와 함께 한국어를 알타이어라고 하는 것은 첨가어(교착어)로서의 특징을 나타내고, 모음조화와 두음법칙이 있으며, 관계대명사나 접속사가 없기 때문이다. 한국어는 어휘적 요소에 문법적인 요소를 덧붙여 단어나 어절을 만드는데 이러한 언어 유형을 첨가어(添加語)라고 한다.

[2] 한국어의 특질

한국어를 가르치는 현장에서 가장 많이 쓰면서도 가장 듣기 싫은 표현이 있다. "한국어는 어렵지만 재미있어요."라는 표현이다. 그런가? 한국어가 과연 그렇게 가르치기 어려운 언어이고 배우기 어려운 언어인가? 방향을 바꿔 보자. 세상에서 쉬운 언어, 가르치고 배우기 쉬운 언어가 과연 있기는 할까? 한국어는 '주어+목적어+서술어'의 순서를 가진다. 일본어, 몽골어, 터키어, 미얀마어, 힌디어 등이 그렇다. 수식어는 항상 피수식어 앞에 위치한다. 우리는 '나의 집'으로 쓰지만 이탈리아 애들은 'casa mia(집 나의)'라고 한다. 프랑스어, 스페인어도 이렇다. 이 정도의 특질은 인터넷 한번 쳐 보면 쭉 나온다. 한번 찾아보자.

한국어는 어휘 수도 많고 첨가어의 특성이기도 하지만 유독 문장성분의 자리 이동을 많이 시키는 편이다. 조사가 문법 관계를 나타내고 있기 때문에 이들 조사가 붙은 표현은 어느 자리에 두어도 그 역할이 변하지 않는다. '나는 정현을 사랑해.'라는 문장에서는 어떤 요소를 어느 자리에 두어도 그 의미가 변하지 않는다(하지만 'I love J.'는 그렇지 못하다.). 무엇보다 중요한 것은 의미적으로 변하지 않는 것 외에, 문법적으로도 틀린 형태가 아니라는 데에 있다. 그러니 배우는 입장에서는 조금 힘들 수 있다. 게다가 대화 상황에서 화자와 청자가 공유하는 정보들은 흔히 생략된다. '밥 먹었어? 아니. 넌?', '이따 학교에 갈까? 그래 가자.' 이들 대화 쌍은 사실 '너는 밥을 먹었어? 아니, 나는 밥을 안 먹었어. 너는 밥을 먹었어?', '이따 우리는 함께 학교에 갈까? 그래, 이따가 우리 함께 학교에 가자.'가 생략된 문장이 된다. 조사도 생략되고 주어도 생략되고 대상이 되는 것들 중에서 생략이 가능한 것은 전부 생략된다. 이게 우리는 당연하지만 대부분의 언어에서 이들은 당연히 생략될 수 있는 요소가 아니다.

[3] 훈민정음과 한글

훈민정음(訓民正音)은 세계에서 거의 유일하게 누가 언제 어떻게 만들었는지가 분명한 문자다. 자랑할 만한 유산이다. 그래서 그런지 가끔 출제되는 이와 관련한 문제는 녹록치 않다.

훈민정음 창제의 원리 중 가장 중요한 것은 상형(象形)의 원리다. 초성(初聲)(ㄱ (ㄲ) ㅋ ㅇ / ㄷ (ㄸ) ㅌ ㄴ / ㅂ (ㅃ) ㅍ ㅁ / ㅈ (ㅉ) ㅊ ㅅ (ㅆ) / ㆆ ㅎ (ㆅ) ㅇ ㄹ ㅿ) 자음(子音)은 발음기관의 모양을 본떴는데, 그 음이 발음될 때 관계하는 조음(調音) 기관의 모양을 형상한 것이다. 이 점은 한글을 세상에서 가장 과학적인 문자로 만들어 주는 중요한 특성이 된다. 이렇게 만든 초성은 'ㄱ, ㄴ, ㅁ, ㅅ, ㅇ'의 다섯 글자인데 이를 기본자로 삼고 획(劃)을 더하여 글자를 확장하는 방식을 취하고 있다. 이것이 가획(加劃)의 원리다. 중성(中聲)(ㅏ ㅑ ㅓ ㅕ ㅗ ㅛ ㅜ ㅠ ㅡ ㅣ ·)이 되는 모음(母音)은 천지인(天地人) 곧 하늘과 땅과 사람을 형상화하고 음양(陰陽)의 원리에 따라서 만든 것이 특징이다.

○ **성음(聲音)법:** 모든 글자는 초성, 중성, 종성을 갖추어야 음절을 이룬다 (예의 편: '凡字必合而聲音', 해례 편: '初中終三聲合而成字').
받침 없는 한자에 소릿값이 없는 'ㅇ'을 붙이게 됨,
초성, 중성, 종성이 합쳐져야만 소리가 이루어진다고 보았기 때문이다.

○ **부서법(附書法, 브텨쓰기):** 모음 글자와 자음 글자가 합칠 때 자리를 규정한 것.
'·, ㅡ, ㅗ, ㅜ, ㅛ, ㅠ'는 초성 아래 'ㅣ, ㅏ, ㅓ, ㅕ, ㅑ'는 초성 오른쪽에 붙여 쓴다.

○ **연서법(連書法, 니ᅀ쓰기):** 자음을 위아래로 잇대어 쓰는 것(連書脣音之下則爲脣輕音)

순음(입술소리: ㅂ ㅃ ㅍ ㅁ) 아래에 'ㅇ'을 이어 써서 순경음(입술가벼운소리)을 만드는 것.

순경음에는 'ㅸ, ㆄ, ㅹ, ㅱ'이 있었다. 'ㅸ'은 국어에 쓰이고, 'ㅹ, ㆄ, ㅱ'은 한자어에 쓰였다.

○ **병서법(竝書法, ᄫᆞᆯ쓰기):** 자음을 나란히 붙여 쓰는 것(예의 편: 初聲合用則竝書 終聲同, 해례 편: 합용병서, 自左而右, 初中終聲 三聲皆同)

병서에는 똑같은 글자를 나란히 쓰는 각자 병서와 다른 글자를 나란히 쓰는 합용 병서가 있다.

각자 병서: 초성 중 전탁음(ㄲ, ㄸ, ㅃ, ㅆ, ㅉ, ㆅ, ㆀ, ㆀ …)

합용 병서: 'ㅅ'계 'ㅺ, ㅼ, ㅽ, ㅾ' / 'ㅂ'계 'ㅄ, ㅳ, ㅷ', 'ㅴ, ㅵ'

○ **성조(聲調) 표시법:** 사성점(四聲點), 글자 위쪽에 加點하여 평성(平聲), 상성(上聲), 거성(去聲), 입성(入聲)임을 표시함. 중국의 한자음에서 유래한 것으로 임란 이후 없어짐.

규범 영역 연구 사례

교육용 외래어 · 외국어 표현 선정과 표기 방안 연구

이 연구는 저자가 2013년 『한국언어문화학』 제10권 제1호(2013.06.30.)에 발표했던 논문을 이 책의 목적에 맞게 약간 수정 보완한 것이다. 여러분들은 이를 통해서 규범 관련 연구의 한 방향을 확인할 수 있을 것이다.

1. 어휘력과 어휘 교육 그리고 외래어와 외국어

언어 교육, 특히 외국어로서의 언어 교육은 일반적으로 듣기·말하기·읽기·쓰기라는 기능 영역을 염두에 두고 학습자의 요구분석이 고려된 교육 과정을 설계하게 된다. 어휘와 문법, 의미와 상황 등은 이 설계 과정 내에서 교육 내용으로 선정된다. 그리고 선정된 교육 내용은 교육 방법과의 연계성을 고려하여 '통섭적'으로 배열되면서 교실 수업에서 교수학습으로 수행되어야 한다.

그런데 이때 언어 교육의 실질적 대상이자 목표, 질료로 볼 수 있는 어휘에 대한 교육은 다른 것들에 비해서 등한시되고 있다고 봐도 좋을 수준에 머물러 있다. 물론 어휘 교육과 관련된 논의가 다방면에서 이루어지고 있는 것은 사실이다. 하지만 논의의 깊이와 수준 그리고 다양성과 상관없이 한국어 교실 현장에서 어휘 교육의 수행 양상은 기대치보다 부족해 보인다. 그렇다고 해서 이를 어휘 인식 자체의 천착(穿鑿) 때문이라든지 어휘에 대한 일종의 '지적(知的) 결핍(缺乏)' 때문에 생기는 것으로 보기는 어렵다. 오히려 이는 어휘에 대한 인식의 지평이 넓어지는 것 또는 지식의 풍성함과는 상관없이 실질적 교육 수행 전 과정에서 적절하게 적용될 수 있는 원리와 방식에 대한 연구가 이루어지지 못한 것 때문이라고 할 수 있다. 그러므로 어휘의 교육 원리와 방식에 대한 연구는 교육 수행 양상의 결핍 요소를 찾아내는 것으로부터 시작되어야 한다.

현재 한국어교육 현장에 어휘라는 체계를 사상(寫像/mapping)시켜 보면 '어휘의 의미관계에 따른 유형별 문항 연습', '어휘 게임', '어휘와 그림의 일치도 활용' 등의 방식으로, 제한된 영역에서 학습의 보조적 자료로 기능하면서 교수·학습되고 있음을 확인할 수 있다. 그런데 이와 같은 어휘 교육의 교수·학습 양상은 그 방식의 유용성에도 불구하고 제한된 영역과 방법으로 어휘를 다루고 있다는 것 때문에 다시 어휘 교육의 '부재', '등한시'에 대한 원인으로 환언될 수 있다. 그리고 이와 같은 관점에서 우리는 당연하게도 새로운 어휘에 대한 소개와 연습 차원에 어휘 교육의 수준이 머물러서는 안 된다는 것에 동의할 수 있을 것이다. 또한 단순한 어휘의 암기와 확장 수준을 넘어서는 어휘 교육 즉, 학습자의 어휘능력 향상을 위한 교수학습 방안의 구안을 생각한다면, 교육 내용이 학습의 보조적 기능과 역할이 아닌 어휘력 향상을 위해서 어떻게 선택·조직되어야 하는지에 눈을 돌려야 한다는 것에도 동의할 수 있을 것이다.

이기연(2012:21-22)에서는 '어휘 평가가 학습자가 '알고 있는' 어휘의 '의미'만을 평가하는 것은 아니라고 보았다. 단어의 의미를 이해하고 적절하고 정확하게 표현하는 '능력'에 초점을 맞추어 어휘 교육과 평가의 내용을 구안해야 한다는 점을 강조하고 있는 것이다. 이에서는 일반적으로 통용되는 '어휘력'이라는 용어에서 한 걸음 더 나아가서 '어휘 능력'이라는 용어를 어휘 교육의 목표가 되는 개념으로 사용하고 있는데, 이는 학습자가 할 수 있는 힘으로서의 '능력'에 집중하고자 한 것으로 볼 수 있다. 따라서 어휘를 '능력'의 차원에서 접근할 때라야 비로소 이를 통해 교육의 대상을 단어가 포함하고 있는 능력 전반과 관계하는 영역으로 전환시킬 수 있고, 이로 말미암아 교육 내용과 방법을 구체적으로 제시할 수 있게 되는 것은 물론 학습자의 실질적인 어휘 능력을 신장시켜 줄 수 있을 것이라는 이러한 시각은 매우 적절하다고 할 수 있다. 이보다 앞서 조형일(2010:125-131)에서는 '어휘 능력을 단독으로 평가해야 할 때에는 전체 교육용 어휘량과 피험자의 연령, 지식 수준 등을 고려하여 문항 수나 출제 문항 수, 평가 내 평가 요소 간 비율을 상정해야 함을 주장하면서, 종합적인 언어 능력을 평가하는 문항에 있어서 어휘 능력을 평가하는 문항의 비율이 반드시 어느 정도 포함되어야 하며, 제한된 문항 안에서 평가 내용 간 비율이나 빈도를 어떻게 맞출지에 대한 논의가 필요하다'는 점을 언급하기도 했었다.

이들의 논의에 기대면 어휘 교육은 한 단원 내에서 다른 교육 내용과 연관되거나 혹은 독립적이거나에 상관없이 모두 어휘력을 향상시킬 수 있는 방향으로 한국어교육 현장에서 적용될 수 있어야 한다는 원론적 결론으로 수렴될 수 있다. 그리고 이에서 우리는 다시 '어떻게 어휘력을 향상시킬 수 있는가?'라는 질문에 앞서 이제 '과연 무엇을 어휘력 향상을 위한 교육의 단위로 삼아야 하는가?'에 대해서 논의해야 할 필요성을 찾을 수 있게 된다.

어휘의 학습은 어휘의 의미와 기능을 이해하고 어떤 적절한 상황 속에서 능숙하게 활용할 수 있는 능력까지 함양하는 것을 목적으로 하고 있다. 그런데 학습된 언어, 그 안에서 교육 단위가 되는 여러 영역 중에서도 특별히 어휘만큼은 학습의 과정을 거쳐 습득의 수준에 도달해야만 진정한 학습 목적을 달성했다고 할 수 있다. 주지하듯이 문법은 조금 틀리거나 잘 구사하지 못해도 대화가 가능하지만 어휘의 사용 오류나 표현 결핍은 대화에 막중한 지장을 초래하기 때문이다.

그런데 외국인 학습자들이 어휘 '습득'을 힘들어 하는 이유는 바로 '학습 대상의 포괄성' 때문이다. 이는 어휘의 성격상 '당연한 수식 표현'이 될 수밖에 없는데, 어휘와 단어를 해석하는 다음 정의들에 비추어 보면 쉽게 이해할 수 있다.

어휘 해석 1: 김광해(1993:39)

- 어휘를 이루는 하나하나의 요소들은 어휘소(또는 어휘 항목, 경우에 따라서는 단어)라고 보는 관점을 취한다.
- 어휘는 '일정한 범위 안에서 사용되는 단어의 집합'이다.
- 어휘의 집합은 그 집합의 성격에 따라 '개인의 어휘, 한 언어의 어휘, 현대 국어의 어휘, 대구 방언의 어휘' 등과 같이 본질적으로 그 한계가 명확히 정해져 있지 않은 개방 집합(open set)과, '김동인의 어휘, 중세국어의 어휘'같은 폐쇄 집합으로 나눌 수 있다.

어휘 해석 2: 민현식(2000:142–147)

- 한 단어는 그 단어가 가리키는 기본적 의미를 가지는 동시에 그 단어에 대한 '가치 의미'도 지닌다.
- 단어에 대한 긍정, 부정, 중립 가치의 평가는 개인, 조직, 집단, 민족에 따라서 다를 수 있다.

어휘 해석 3: 고영근 · 구본관(2009:31–33)

- 단어는 문장에서 혼자 쓰일 수 있는 성질인 자립성의 관점에서 정의한다.
- 우리말의 조사나 합성어를 구성하는 단어 요소들의 경우에는 '자리이동'이나 '휴지', '분리 가능성' 등을 단어를 정의하는 기준으로 사용하기도 한다.
- 하나의 단어는 문장 내에서 자리 이동이 자유롭지 못하고 내부에 휴지를 둘 수 없으며 다른 단어를 넣어 분리할 수도 없다.
- '낱말'이나 '어휘' 역시 단어와 유사한 의미로 쓰이지만 그 정의가 쉽지는 않다.

이들의 논의를 정리하면 어휘와 단어가 갖는 의미 기능적 영역을 다음처럼 정리해 볼 수 있다.

- 어휘는 그것을 구성하는 요소들의 집합이다.
- 어휘는 각각의 가치를 지닌 단어들의 가능세계 진릿값을 포함한다.
- 단어를 정의할 때에는 의미나 기능의 분류 기준 또는 문장에서의 제약과 같은 요소들이 변인으로 작용한다.

이러한 측면에서 어휘와 단어를 이해한다면 이들은 태생적으로 스펙트럼이 넓을 수밖에 없기 때문에 다각도로 분류되고 이합집산(離合集散)되는 동시에 문장과 텍스트 안에서 상호 지배(dominate)되는 논항(argument)으로서 존재할 수밖에 없다는 것을 이해할 수 있게 된다. 따라서 본고에서 주목하는 '포괄성'이란 다름 아닌 어휘의 본연적 속성이라고 할 수 있다. 그러므로 이러한 어휘의 속성을 기저에 두고 어휘 교육을 다시 펼쳐 보이면 서로 교섭되는 관계마다 교육 내용과 방법을 따로따로 구안해야 한다는 결론에 도달할 수 있을 것이다.

지금까지의 논의를 종합해 보면 어휘 교육은 다음의 원리를 고려하여 이루어져야 할 것이다.

> 하나. 어휘의 교육이란 어휘력 즉 어휘를 해석하고 사용하는 능력을 개발하는 데에 그 목적이 있다.
> 둘. 어휘 능력의 함양을 위해서 어휘 교육은 단어의 조직 원리와 어휘의 구성 원리 및 단어의 사용 원리 측면에서 다각도로 접근되어야 한다.
> 셋. 어휘의 교수학습은 앞의 원리를 충족시키는 결과를 제시할 수 있도록 분석적이면서도 종합적으로 이루어져야 한다.

이 연구에서는, 어휘력 향상을 위한 교육의 단위로, 어휘의 속성과 교섭되는 관계의 하나로써 외래어와 외국어 표현(어휘)을 선택했다. 이는 외래어와 외국어 표현을 학습의 보조적 기능과 역할이 아닌 어휘력 향상을 위해서 필요한 교육 내용으로 보았기 때문이다. 우리말 어휘의 체계로 분류되는 외래어 표현과 비록 우리말 어휘는 아니지만 상당히 광범위하게 쓰이면서 다양한 형태로 드러나는 외국어 어휘의 한글/한국어식 표현은 - 적어도 살아 있는 한국어를 배워야 하는 외국인 학습자들에게 - 이제 한국어교육에서 반드시 필요한 교육 단위가 되어야 한다.

표준국어대사전의 정의를 빌면 외래어란 '외국에서 들어온 말로 국어처럼 쓰이는 단어'가 된다. 그러니 외래어를 교육의 내용으로 삼는 것에는 표면적으로 아무런 장애도 없어 보인다. 그런데 외국어를 그냥 '다른 나라 말'이라고 적어 놓은 것과 비교해 보면 실상 외래어는 '외국에서 왜, 어떻게 들여와서 국어처럼 쓰고 있는가?'가 논의의 쟁점이 되게 된다. 이는 다시 국어처럼 쓰이는, 국어의 어휘 체계로 인정된 외래어를 가르치기 위해서 외래어 표기의 원리와 방식에 많은 공을 들여야 하는 이유가 된다.

외래어에 대한 정의들은 꽤 오랜 시간을 두고 여러 논의를 통해 이루어졌지만 단순화해서 다음처럼 정리해 볼 수 있다.

- 외국어와 변별력을 가져야 하며 일반적으로 사용되는 어휘여야 한다.
- 그것이 차용어이든 외래어이든지 명칭에 관계없이 국어 어휘 체계의 지위를 부여 받아야 한다.

이러한 정의에 기대어 보면 — 외래어를 어떻게 구분하든지 간에 — 한국어 어휘 체계의 한 부분으로 보는 것에는 크게 문제가 되지는 않아 보인다. 그렇다면 앞서 제기한 문제 즉 '외국에서 왜, 어떻게 들여와서 국어처럼 쓰고 있는가?'라는 것에서 이제 우리는 외래어 표기 양상이 과연 적합한지로 논의의 초점을 맞춰갈 필요가 있다. 이는 '국어처럼' 쓰이고 있는 외래어 표기의 적합성/적절성에 대한 비판적 검토를 통하여 외래어를 교육적으로 활용 가능한 대상으로 선정할 수 있는 토대를 마련해 보기 위해서이다.

외래어에 관한 선행 연구들은 외래어와 외래어 표기법에 대한 이론적 연구, 외래어 사용양상 및 오류에 관한 연구, 외래어 교육에 관한 연구 등으로 그 양상을 정리해 볼 수 있다. 그 중에서 외래어 표기법과 관련하여 제기된 문제들을 보면 크게 '외래어 표기법이 단순한 표기 규정으로 외국어 원음과 멀어지고 있다는 점'과 '정규 사전에서도 외래어 발음이 표기되지 않아 언어 사용자가 혼란을 겪게 되는 점'을 들 수 있다. 그리고 이에 대한 보완책을 마련하기 위해 외래어 표기 원칙에 대한 구별된 규정이 있어야 한다는 것에 연구가 집중되고 있다. 이러한 연구들의 차이와 주장에 대해서 샅샅이 살펴보지 않더라도 우리는 외래어와 외국어 표현에 대한 입장을 다음처럼 구분하여 정리해 볼 수 있다.

하나. 국어 음운 체계와 외국어 음운 체계 사이의 차이에서 발생하는 근본적인 문제를 인식하고 다양한 외래어 음을 표기할 수 있는 방안이 제안되어야 한다.

둘. 적절한 국어로 순화된 말로 표기하는 것을 원칙으로 하되, 불가피한 경우에만 원지음대로 과학적으로 표기해야 한다.

셋. 정규 국어사전에서 외래어 발음 표시를 해 줄 수 있어야 한다.

넷. 외래어 표기법을 외국어 발음 학습이나 습득에 쓰기 위해서는 '한국식' 발음을 가수해야 한다.

외래어와 외국어에 대한 본 연구에서의 주장은 이들 입장을 포괄적으로 수용하는 측면에 서 있다. 외래어로 정착된 것은 그 표기의 옳고 그름을 분명하고 명확하게 구분하면서도 유연하게 오기(誤記)나 오용(誤用)의 사례에서 다시 '옳다고 믿는 표기'의 재고를 통해서 시대적 사회적 접점을 찾는 노력을 수행해야 한다. 그리고 이와 함께 외래어의 수준에 다다른, 또는 외래어를 위협하는 외국어 표현에 대한 한글 표기에 대해서도 끊임없이 관리하여야 한다. 어차피 현 시점에서 사용되는 표현이고 사용할 수밖에 없는 상황이 존재하기 때문이다. 이것이 한국어교육의 영역에서 외래어와 외국어 표현이 교육의 대상으로 검토되어야 하는 이유가 된다.

2. 외래어와 외국어 표현의 표기 제약과 방안

본 장에서는 외래어와 외국어 표현의 표기 제약을 '표현 자체의 기술 방식'과 '한국어 어휘의 설명 측면에 관계한 기술 방식'으로 구분해서 진단하고 이어서 한국어교육에서 적용 가능한 표기 방안을 제안해 보기로 한다.

2.1. 사전 등재 외래어 표현의 표제어 표기와 기술 방식

현재 온라인으로 제공되는 사전(표준국어대사전, 네이버 사전)과 한글 프로그램에 딸려 있는 사전(한컴 사전: 민중국어사전)에서 취하고 있는 몇몇 외래어 표현의 표제어 표기 방식은 다음과 같다.

<표 1> '달마티안'의 표제어 표기와 기술 방식

표준국어 대사전	달마티안(Dalmatian) •명사 동물 개의 한 품종. 중형으로 흰 바탕에 검은 얼룩점이 흩어져 있고 털이 짧으며 발이 빠르고 튼튼하다. 체형이 아름답고 날렵하여 애완견으로 기른다. 옛 유고슬라비아의 달마티아 지방이 원산지이다.
	※ 표제어 검색 시 표제어와 함께 괄호 안에 원어를 병기하고 있음. 품사와 분류 표시와 함께 설명 및 그림을 제시하고 있음.
네이버 사전	달마티안(Dalmatian) → 달마티안 Dalmatian 〈동물〉개의 한 품종. 중형으로 흰 바탕에 검은 얼룩점이 흩어져 있고 털이 짧으며 발이 빠르고 튼튼하다. 체형이 아름답고 날렵하여 애완견으로 기른다. 옛 유고슬라비아의 달마티아 지방이 원산지이다.
	※ 표제어 검색 시 표제어와 함께 괄호 안에 원어를 병기하고 있음. (한 단계 진입 시 원문의 괄호 풀림)
	외래어 표기법에 따른 오기(誤記)를 다음처럼 제공하고 있음. – Dalmatian (달마티안) – 외래어 표기 달마시안(X), 달마티언(X), 달마틴(X), 댈마티안(X)
	※ 표준국어대사전의 설명과 동일함.
한컴 사전	달마티안 (Dalmatian)【명사】..동..개 품종의 하나. 키 48–59cm, 몸무게 21–23kg. 순백색 바탕에 검정 또는 갈색의 얼룩점이 있음. 애완견으로 기르며, 오스트리아·이탈리아에서는 사냥개로도 사용하였음.
	※ 사전의 구성상 표제어와 독립된 창에 괄호 안에 원어 병기됨. 품사와 분류 표시 및 표제어 설명.

표준국어대사전과 네이버 사전에서는 표제어 '달마티안'에 원어 표현을 괄호로 병기하여 제시하고 있고 한컴사전은 그 시스템상 표제어의 옆 창에 원어 표현을 괄호로 제시해 놓고 있다. 그런데 여기에서 중요한 것은 사전을 찾는 사람의 의도이다. 사전을 이용하는 사용자가 〈표 1〉의 표제어로 선정한 '달마티안'을 제대로 알면서 이의 정확한 설명을 찾기에는 세 사전 모두 적당하다고 할 수 있다. 하지만 속칭 '검은 점박이 수입견'의 올바른 표기가 '달마티안'인 것을 정확히 알고 있는 사람은 드물다.

정확한 자료나 근거를 댈 필요도 없을 정도로 대부분 '*달마시안'으로 알고 쓰고 있는 실정이다. 따라서 '*달마시안'으로 검색했을 때 검색 결과를 제공하지 않는 한 '달마티안'으로 기술해 놓은 사전은 무용지물이 될 수 있다. 그러므로 〈표 1〉에서 네이버 사전처럼 외래어 표기법에 따른 오기(誤記)를 제공해 주는 것이 교육적으로 유용한 방법이라고 할 수 있다.

그런데 이처럼 상호 비교할 때 일견 가장 세련된 방식으로 평가받을 수 있고 그 때문에 가장 광범위하게 활용 가능해 보이는 네이버 사전에도 다음과 같은 오류가 심심치 않게 발견된다.

〈표 2〉 '모슬렘'의 네이버 사전 표제어 표기와 기술 방식

	모슬렘(Moslem) → 모슬렘Moslem 명사 〈종교〉 [같은말] 이슬람교도(이슬람교를믿는사람).
네이버 사전	맞춤법/표기법 Moslem(모슬렘) 외래어표기 – 모젤렘(X) Black Moslem(블랙모슬렘, 블랙모슬렘) 외래어표기 – 블락 모슬렘(X) Indo-Moslem聯盟(인도 모슬렘 연맹, 인도 모슬렘연맹) 외래어 표기 – 인도 모우슬렘 연맹(X), 인도 모우슬렘연맹(X)

'이슬람교도'를 이르는 외래어 표현 '모슬렘'의 외래어 표기법에 따른 오기(誤記)로 가장 일반적인 것은 이 사전에 제시된 *모젤렘'과 *모우슬렘'이 아닌 *무슬림'이다. 게다가 이 사전에서는 *무슬림' 검색 결과를 아예 제공하지도 못하고 있다. 따라서 우리는 이제 틀린 외래어 표현을 검색어로 했을 때 올바른 맞춤법 표기를 제공해 주거나 다양한 오용 표현을 제공해 준다는 장점에도 불구하고 제대로 연구되고 정리되지 않은 국어사전이 어떤 또 다른 폐해를 끼칠 수 있는지에 대해서도 생각해 보아야 한다. 그리고 원칙에서 벗어난 것들과 원칙을 적용과 강제 사이에서 교육적으로 활용 가능한 외래어 표현의 표제어 표기 방식에 대해서도 생각해 보아야 한다.

2.2. 상용 외국어 표현의 표기 방식

주지하듯이 상용되는 외국어 표현의 표기 방식은 너무도 다양하다. 무엇이 옳다고 제안되지 않는 시점에서 외래어 표기법에 준하여 적도록 만든 표기의 원칙이 적용되지 못하는 사각이 생긴다. 그리고 이러한 방치는 언어권별로 매우 자유로운 표기 방식을 양산해 내는 동기가 된다. 사실 외국어를 한글로 적을 때에 원어의 음상을 그대로 살리면서 적는다는 것도 어렵지만, 김치를 우리나라 단어의 발음을 그대로 나타내는 'Gimchi'로 적지 않고 일본식인 *gimuchi'로 적는 외국에서의 사례로 반추해 볼 때, 원어 발음을 무시한 채 영어식 발음을 기준 삼아 적고 있는 외국어의 표기에는 언어 패권 의식까지 함의되어 있다고 보아야 한다.

외국어 표현은 크게 두 가지로 구분할 수 있다. 하나는 외래어 표현이 있는 단어로서 오기 또는 오용의 표기 형태를 함께 가지고 있는 것이고 다른 하나는 외래어로 인정받지 못한 채 외국어 표현을 그대로 통용해서 쓰는 것이다.

1) 외래어 표현이 있는 상용 외국어 표현

현대 국어에서 커피전문점으로 통용되는 'cafe'의 표기법은 '카페'인가? '까페'인가? 프랑스 산 술의 하나인 'cognac'은 '코냑'으로 적어야 옳은가? '꼬냑'으로 적어야 옳은가? 이들은 외래어표기법에서 된소리를 인정하지 않은 탓에 현지 음을 무시하고 각각 '카페'와 '코냑'으로 적어야 한다. 이것이 앞서 논의했던 외래어표기법의 한계이자 틀린, 잘못된 외래어 표기를 양산하는 이유가 된다. 이러한 유(類)의 단어를 몇 개 소개하면 다음과 같다.

〈표 3〉 외래어의 오용(誤用) 현상인 외국어 상용 표기

원어	외래어 표기	외국어 표기	비고
driver	드라이버	도라이바	공구
transformer	트랜스	도란스	변압기
real	리얼	레알	사실, 현실적인 것
beaker	비커	비이커	화학실험용 그릇
sash	새시	샤시/샷시	(창)틀
sadist	사디스트	새디스트	가학증(加虐症)병자
shaker	셰이커	쉐이커	칵테일 제조 기구
outlet	아웃렛	아울렛	할인쇼핑몰
allergy	알레르기	알러지	과민반응
jacket	재킷	자켓	옷의 하나
jam	잼	쨈	음식의 하나
catholic	가톨릭	카톨릭	종교

이러한 현상은 외래어의 홍보와 계도의 부족과 함께 고착화된 어형의 잠식에 의한 현상(도라이바, 도란스, 자켓, 샤시, 샷시) 또는 원어 발음의 새로운 욕구에 의한 출현(레알, 아울렛, 알러지) 발음과 표기법의 차이에 의한 오용(쉐이커, 쨈, 카톨릭) 등으로 구분해 볼 수 있다.

2) 외래어로 인정되지 않는 상용 외국어 표현

단도직입적으로 말해서 이들 어휘는 여러 개의 표기 형태를 제안하고 사용자가 자유롭게 쓰다가 이후 그 용법까지 고려하여 선정하는 방식을 취해야 한다. 이를 위해서 외래어 표기법이 아닌 외국어의 한글 표기 원칙을 만들고 그에 준한 표기를 확정해 주는 절차를 새로이 두어야 한다. 그리고 지금의 표준국어대사전과 같은 개방형 사전에 외국어 표현 또는 준표제어로 등재하고 그 사용의 추이를 지켜보면서 외래어의 자격을 부여할지까지 심사하는 방향으로 관리하는 것이 옳다고 생각한다.

〈표 4〉 외래어로 인정되지 않는 상용 외국어 표현 표기

원어	외국어 표기	관련 외래어 표기
lucky	러키/럭키	러키-세븐, 러키^존, 러키^펀치, 언러키^네트
diesel	디젤	디젤^기관, 디젤-동차, 디젤^발전기
door	도어/도아	도어맨, 도어^엔진, 도어-체인, 도어-체크, 아웃도어^세트, 아코디언-도어, 에어^도어, 오픈도어^제도, 플러시^도어, 자동^도어^개폐^장치
latte	라테/라떼	없음. 현행 외래어표기법에 따르면 '라테'가 맞음
launching	런칭/론칭	없음. 현생 외래어 표기법에 따르면 '론칭'이 맞음

'러키/럭키'의 경우에는 앞서 본 '리얼'처럼 단일 표제어로는 검색되지 않는다. 그런데 표준국어대사전에서는 '러키-세븐(lucky seven), 러키^존 (lucky zone), 러키^펀치(lucky punch), 언러키^네트(unlucky net)'처럼 '러키'를 올바른 표기로 하여 표제어를 선정해 두고 있다. 표준국어대사전에서 '럭키'는 아예 어떤 경우에도 검색되지 않는다. 그런데 정말 이상하게도 구글 검색에서는 '러키'의 경우 약 1,060,000여 개의 검색 결과를 보여 주지만 '럭키'

의 경우에는 약 436,000,000여 개의 검색 결과를 제시하고 있다. 이는 외래어 표기법에 준한 외국어 표현과 사용례가 현격히 차이나는 사례이다.

'디젤'의 경우 표준국어대사전이 내연기관의 의미를 갖는 '디젤'을 표제어로 올리지 않은 상태에서 '디젤^기관(Diesel機關), 디젤–동차(Diesel動車), 디젤^발전기(Diesel發電機)'와 같이 복합어를 제시하고 있는 것은 외래어와 표제어에 대한 기본적인 인식이 반영되지 못한 경우라고 할 수 있겠다.

'도어/도아'의 경우에는 표준국어대사전에서 '도어맨(doorman), 도어^엔진(door engine), 도어–체인(door chain), 도어–체크(door check), 아웃도어^세트(outdoor set), 아코디언–도어(accordion door), 에어^도어(air door), 오픈도어^제도(open door制度), 플러시^도어(flush door), 자동^도어^개폐^장치(自動door開閉裝置)' 등으로 외래어 표제어를 제시하고 있다. 이때 '도아'는 앞의 다른 어휘의 경우와 마찬가지로 어떤 경우에도 제시되지 않는다. 그리고 이 경우 구글 검색에서도 그 검색 결괏값은 매우 미미하게 나타난다. 이는 외래어 표기법에 준한 외국어 표현과 사용례가 다르지 않은 사례가 된다.

그밖에 '라테/라떼', '런칭/론칭'처럼 표준국어대사전에서 어떤 경우에도 표기 형태로 제시되지 않은 외국어 표현들이 있다. 하지만 이들은 구글 검색에서 각각 '라테'는 약 857,000여 개, '라떼'는 약 31,500,000여 개의 검색 결과를, '런칭'은 약 8,880,000여 개, '론칭'은 약 2,420,000여 개의 검색 결과를 제시하고 있다. 이는 외래어 표기법에 준하는 표기형(라테, 론칭)보다 원어 현지 음(라떼)이나 발음의 일반성(런칭)에 의존하는 표기형을 더 많이 사용하고 있다는 것을 보여주고 있다.

2.3. 외래어와 외국어 표현의 표기 원리와 기술 방안

지금까지 우리는 본 연구를 통해서 외래어와 외국어 표현의 표제어 표기방식과 그 문제점을 짚어볼 수 있었다. 이에서는 이들 논의를 바탕으로 앞으로 한국어교육에서 활용 가능한 외래어와 외국어 표현의 표기 원리와 함께 그 방안을 제안해 보기로 한다.

1) 외래어는 국립국어원 표준국어대사전에 등재된 어휘 중에서 선정한다.

앞서 본 연구에서의 다양한 논의에도 불구하고 현행 외래어의 선정은 절대적으로 표준국어대사전의 등재 여부에 따라서 판단해야 한다. 교육적으로 활용 가능한 외래어의 기준이 모호해지면 학습자의 혼란이 가중될 수 있기 때문이다.

2) 외국어 표현은 가장 일반적으로 상용되는 표현을 기준으로 삼아 제시한다.

외국어 표현은 그것이 외래어의 오기(誤記)이든지 전문화된 영역에서 상용되는 표현이든지, 아니면 일상어로 이미 진입한 언어 표현이든지 간에 마땅한 기준을 제시하기 어렵다. 우리가 흔히 쓰는 표현으로 상징, 표상의 의미를 갖는 '*앰블럼/*엠블럼emblem'은 각각 검색에서 455,000개와 84,400,000개로 현격하게 차이가 난다. 물론 원어를 읽고 적는 방식을 외래어 표기법에 준할 때에도 '*앰블럼'보다는 '*엠블럼emblem'으로 적는 것이 옳아 보인다. 하지만 모든 단어에 일일이 외래어 표기법을 찾아서 확인하는 것도 쉽지 않다. 그리고 한국어교육 현장에서 직접적으로 활용 가능한 외국어 표현의 용례는 사용자의 다소에 따라서 결정하는 것이 적절할 수 있다.

3) 표준어의 표기법에도 불구하고 그 표기와 현실 발음이 상이한 경우에는 '단어[발음]'처럼, 상용되는 발음을 '[ ]'표 안에 제시한다.

'스프링클러'의 경우 표기와 달리 보통 현실 발음이 '*[스프링쿨러]'로 실현된다. 이 경우 '스프링클러sprinkler /[스프링쿨러]'처럼 제시해 주어야 상용 발음을 확인할 수 있다. 이와 같은 예로는 '앰풀ampoule'과 *'앰플'이 있다. '앙코르'의 경우에도 표기와 상이한 현실 발음 *'[앙콜]'을 함께 제시해 줌과 동시에, 절대적으로 옳다고 보기는 어렵지만 일반적으로 사용되는 현실 표기인 *'앵콜'도 '앙코르encore /[앙콜]/앵콜'처럼 함께 표기해 주어야 한다.

4) 표현과 발음이 동일한 것은 발음 표시를 따로 하지 않는다.

'캡슐capsule'처럼 자연스럽게 된소리가 나는 경우에는 따로 '[캡쓜]'처럼 표시하지 않아도 된다. 다만 '식스six'처럼 [식쓰]가 아닌 *'[씩쓰]'로 소리 나는 경우에는 이를 밝혀 적어야 한다. '카논canon'이 *'[캐논]'으로 '프로판가스propane gas'가 *'[프로판까쓰]'로 '코스모스cosmos'가 *'[코쓰모쓰]'로 발음되는 경우 등도 이에 해당한다.

5) 외래어와 외국어 표현 자료집은 그 성격상 외국어나 외래어를 잘못 사용하는 경우에도 이를 찾아 볼 수 있어야 한다.

'악세사리accessory, 워터.프루프waterproof, 캡처(하다)capture' 등은 표준국어대사전에 표제어로 실리지 않은 외국어이므로 *'악세사리', *'워터.프루프', *'캡처'의 형식처럼 표제어의 앞에 ' * ' 표시를 붙여서 표기해야 한다. 또한 '소세지, 커텐, 테레비' 등의 표현 역시 표준어법에 위반되는 외래어 표기이므로 표제어 앞에 ' * '표시를 붙인다. 그리고 이와 함께 올바른 표현을 확인할 수 있도록 *'소세지sausage/[쏘세지] → 소시지', *'커텐curtain → 커튼', *'테레비television → 텔레비전'의 형태처럼 올바른 표제어를 제시해 주어야 한다.

6) 각 표제어마다 간단한 설명을 달고, 이를 다시 응용하여 이해할 수 있도록 2개에서 4개 정도의 용례를 달아 둔다.

표제어는 한국어교육 현장에서의 활용도를 고려하여 간단한 예문을 제시

해 줄 수 있어야 한다. 그리고 이때에 표제어에서 확장할 수 있는 단어도 제
시한다.

> 예) 아카데미academy 대학.연구소(研究所) 등의 총칭(總稱).
> - 우리 대학은 시민들을 위한 인문학 아카데미를 운영합니다.
> - 이번 토론회는 참으로 아카데믹했어요.
> - 아카데믹하다(academic): 학구적, 학문적(이다).

7) 자료집의 말미에는 찾아보기 목록을 둔다.

> 예) 'label'의 찾아보기 목록에는 'label 레이블 /라벨'의 형태로, 'koran'의
> 경우 'koran 코란 /꾸란'의 형태로 제시한다.

8) 표준어의 표기법과 발음이, 상용되는 표기 형태·발음과 아예 맞지 경우
에도 원칙적으로 표준어를 맨 앞에 둔다. 외래어와 외국어 표현 목록을
구축하게 되면 반드시 이들 중에는 'DMZ, Dalmatian, extract, Meta-
sequoia' 등의 단어처럼 표준어의 표기법과 발음이, 상용되는 표기 형
태·발음과 아예 맞지 않은 것들이 있게 된다. 이 경우에도 원칙적으로
표준어를 맨 앞에 제시한다. 이때에는 다음처럼 현대 한국어에서 지배적
으로 쓰이고 있는 표기 또는 발음을 까만색으로 표시해 둔다.

외래어, 외국어	표준 표기	상용 표기 또는 발음
DMZ	디엠제트	디엠지
Dalmatian	달마티안	달마시안
extract	엑스트랙트	액기스/엑기스[엑끼쓰]
Metasequoia	메타^세쿼이아	[메타쎄콰이어/아]

9) 외국어와 외래어 표현의 어원이 영어가 아닌 경우에는 언어권별 약호를 사용하여 표제어 뒤에 달아 둔다.

언어권별 약호를 적는 법은 다양하지만 원칙적으로 국가명의 앞 글자 세 개 정도만 남기고 생략하는 것으로 충분히 구분이 가능하다.

그리스 어	Gre	네덜란드 어	Net
독일어	Ger	라틴 어	Lat
러시아 어	Rus	산스크리트 어	San
에스파냐 어	Esp	이탈리아 어	Ita
일본어	Jap	중국어	Chi
포르투갈 어	Por	프랑스 어	Fra
히브리 어	Heb	힌디 어	Hin

3. 어휘 교육 방식에 대한 인식

'교실 수업에서 어휘에 대한 교육이 질적으로나 양적으로 부족하다'라는 인식에 대한 해결책은 이론 탐구만으로는 주어지지 않는다. 탐구에 우선하여 실제 수업 현장에서 바로 적용 가능한 어휘 교육 요소를 찾아내고 이를 분류하고 교육 내용으로 분석 정리해서 교육 방법을 제안해 줄 수 있어야 한다. 이러한 입장에서 이 연구에서는 어휘 교육 요소이자 어휘력 향상을 위한 교육의 단위로 외래어와 외국어를 선택했다. 그리고 이들의 표현 표기 방식의 양상을 살펴보고 이때 드러나는 제약에 대한 논의와 함께 그 표기 방안을 제안하려고 하였다.

이 연구에서는 현행 외래어 표기법이 외래어와 외국어의 원음과 현실 발음을 고려하여 표기될 수 있도록 정비되어야 할 필요성이 있다는 기존 교육 현장에서 이러한 혼란은 매우 불편하고 어려운 수업 요인이 된다. 그러므로 이 연구에서의 주장은 다음처럼 한결같다.

한국어 교사 또는 연구자라면 한국어교육에서 실질적인 어휘 능력 향상을 위해 필수적임에도 불구하고 교육 현장에서는 등한시되고 있는 외래어와 외국어 어휘 교육에 대해서 보다 폭넓은 문제의식을 가져야 한다.

어휘를 가르친다는 것은 그 사용역을 알게 한다는 것이다. 따라서 사용역에서 제안되고 있는 용법과 표기 형태는 중요한 교육 영역이자 내용으로 다시 환원된다. 그러므로 용법에 대한 사례를 분석하고 분류하는 것과 표기 형태에 대한 고민은 교사와 연구자의 당연한 몫이다. 이러한 고민 위에서 자연스럽게 어휘 교육의 방식은 발견될 것이다. 원리에 대한 이해 과정을 통해서 추수되는 방식이야 말로 바로 그 시점에서 학습자에게 가장 필요한 교육 영역에서 교육 내용을 담아낼 수 있기 때문이다.

| 이 연구의 참고 문헌 |

고영근 · 구본관(2009), 우리말 문법론, 집문당.

구본관 외(2010), 외래어 표기 규범 영향 평가 자료, 문화체육관광부.

김광해(1993), 국어 어휘론 개설, 집문당.

김문창(1985), 외래어 연구 1, 인문과학연구소논문집 11, 인하대학교 인문과학연구소, 331-347쪽.

김민수(1984), 국어정책론, 탑출판사.

김수현(2003), 외래어 표기법 연구, 이화여자대학교 박사학위논문.

김완진(1991), 한국에서의 외래어 문제, 새국어생활 1-4, 국립국어원, 2-12쪽.

민현식(1998), 국어 외래어에 대한 연구, 한국어 의미학 2, 한국어의미학회, 91-132쪽.

민현식(2000), 국어교육을 위한 응용국어학 연구, 서울대학교 출판부.

박동근(2005), 국어사전에서 외래어 기술에 대한 문제: 외래어 말음 표시 방법을 중심으로, 한국사전학회 제8회 학술대회 발표논문집, 한국사전학회, 115-131쪽.

박종덕(2007), 외래어 및 그 표기법에 관련된 몇 가지 문제, 한민족문화연구 23, 한민족문화
　　학회, 157-181쪽.

원흥연(2009), 국어 외래어 표기의 변천과 형태적·의미적 특성 연구, 건국대학교 박사학위
　　논문.

이기연(2012), 국어 어휘 평가 내용 연구, 서울대학교 박사학위논문.

이용주(1964), 한국 외래어의 특징과 고유어와의 상호 작용(상) - 한국 외래어 연구 서설
　　-, 국어교육 9, 한국어교육학회, 90-108쪽.

정 국(2002), 외래어 표기법과 외국어 발음, 외국어교육연구 17, 한국외국어대학교 외국어
　　교육연구소, 185-214쪽.

정 소(2012), 한국어 외래어 교육방안 연구, 충남대학교 박사학위논문.

조형일(2010), 시소러스 기반 한국어 어휘 교육 연구, 서울대학교 박사학위논문.

조형일·남주혜(2012), (알수록 스마트해지는 한국어) 외래어와 외국어 표현 3300, 역락.

| 닫음 |

물론
바른 말과 바른 글이 언제나 옳다고 할 수만은 없을 것
언어의 생장을 가능하게 하는 힘은 오히려
새로운 표현, 변칙적인 표현이라고 소리 높여 주장할 수도 있다.
틀린 말 아니다.

그러나
누군가는 지켜 나아가기도 해야 하는 법.
깊고 넓게 자라 견고한 뿌리가 없다면 변화를 바라는 목소리는 허망할 것
세상은 정반합의 어울림이다.

때로는
언제나 맘처럼 되는 것은 아니듯
누구나 틀린 표현, 틀린 발음, 잘못된 발화를 할 수도 있지만
기댈 수 있는, 합의된 규정이 있다는 것을 안다는 것만으로
제자리로 언제든 돌아갈 수 있다.

언어는 힘이다.
올바른 언어 사용 능력은 제일 건강한 힘이 될 것이다.

2020년 가을, 공주 학가헌(學佳軒)에서
조형일
jeongam@gmail.com